Lecciones Espirituales a lo largo del Camino:

Un Viaje Espiritual de 40 Días

Por Kim Brown

Lecciones Espirituales a lo largo del Camino:
Un Viaje Espiritual de 40 Días
Por Kim Brown

Nihil Obstat,   Reverend Jonathan Wallis
Imprimatur,   Most Reverend Michael F. Olson, STD
                 Bishop of Fort Worth
                 September 21, 2015

Declaraciones oficiales *Nihil Obstat* e *Imprimatur* que garantizan que este libro está libre de errores doctrinales o morales.

Las referencias a las Sagradas Escrituras están sacadas de la Biblia Latinoamericana. Las fotografías de la portada e interior del libro fueron sacadas por Kim Brown a lo largo del Camino de Santiago. La fotografía de la contraportada fue sacada por un compañero peregrino.

Todos los derechos reservados. Ninguna parte de esta publicación puede ser reproducida, almacenada en un sistema de recuperación o transmitida en cualquier forma o por cualquier medio, sea electrónico, mecánico, fotocopia, grabación o cualquier otro, a excepción de breves citas en revisiones impresas, sin el permiso de la autora o editorial.

ISBN- 13: 978-0692541104 (Brown)
Primera Edición en Ingles, 2013/ Primera Edición en Español, 2015

Imprimido en los Estados Unidos de América

Agradecimientos de la Autora

Dios me ha bendecido con personas maravillosas en mi vida y siempre estaré agradecida por su cariño y apoyo. Gracias a mi familia y amigos por sus oraciones antes, durante y después de mi peregrinaje.

Gracias a Dios por darme la bendición de este peregrinaje y las lecciones espirituales que he aprendido. Deseo y espero que todo el contenido sea concordante con la voluntad y gracia de Dios para que este libro ayude a otras personas en su viaje de fe como peregrinos de este mundo.

Gracias Margarita Johnson por asegurar la exactitud de la traducción.

Introducción

"Si alguien me ama, guardara mis palabras, y mi Padre lo amara. Entonces vendremos a él para poner nuestra morada en él. El que no me ama no guarda mis palabras; pero el mensaje que escuchan no es mío, sino del Padre que me ha enviado. Les he dicho todo esto mientras estaba con ustedes. En adelante el Espíritu Santo, el Intérprete que el Padre les va a enviar en mi Nombre, les enseñara todas las cosas y les recordara todo lo que yo les he dicho. Les dejo la paz, les doy mi paz. La paz que yo les doy no es como la que da el mundo. Que no haya en ustedes angustia ni miedo. Saben que les dije: Me voy, pero volveré a ustedes. Si me amaran, se alegrarían de que me vaya al Padre, pues el Padre es más grande que yo." - Juan 14:23-28

Todos los días tomamos decisiones que influyen en nuestros días, nuestras vidas y en la de los demás. La mayoría de las veces no somos conscientes de cómo estas decisiones nos afectarán a nosotros o a los demás, pero aun así, afrontamos estas decisiones a diario. Esto es parte de mi historia, una historia sobre una decisión consciente para cambiar mi vida y luego dejar que Dios la cambie para mí.

El hacer cambios drásticos en mi vida no fue una decisión que tomé impulsivamente, la consideré desde la oración durante dos años. Sabía que Dios me estaba llamando, pero no estaba segura de lo que Dios quería que hiciese. Era similar al "caso de Samuel," sabiendo que estaba siendo llamada pero sin estar segura de lo que eso significaba.

Escritura de Meditación: 1 Samuel 3:3-10

... Samuel estaba acostado en el santuario de Yavé, allí donde estaba el arca de Dios. Yavé lo llamo: "¡Samuel! ¡Samuel!" Respondió: "Aquí estoy". Corrió donde Helí y le dijo: "Aquí estoy ya que me llamaste". Helí le respondió: "Yo no te he llamado, vuelve a acostarte". Y Samuel se fue a acostar. Yavé lo llamo de nuevo: "¡Samuel! ¡Samuel!" Se levantó y se presentó ante Helí: "Aquí estoy, le dijo, puesto que tú me llamaste". Helí le

respondió: "Yo no te he llamado hijo mío, vuelve a acostarte." Samuel no conocía todavía a Yavé: la palabra de Yavé no le había sido todavía revelada. Cuando Yavé llamó a Samuel por tercera vez, se levantó y fue a ver Helí: "Aquí estoy, le dijo, ya que me llamaste". Helí comprendió entonces que era Yavé quien llamaba al muchacho, y dijo a Samuel: "Anda a acostarte; si te llaman, responde: 'Habla, Yavé, que tu servidor escucha'." Y Samuel volvió a acostarse. Yavé entro, se detuvo y llamó igual que las veces anteriores: "¡Samuel! ¡Samuel!" Samuel respondió: "Habla, que tu servidor escucha".

Muchas veces había sentido que Dios me llamaba o me animaba, pero no estaba segura de hacia dónde tenía que ir, o tenía miedo de ello, así que simplemente me quedaba dentro de mi zona de confort. Mi zona de confort consistía en mi carrera, mi hogar, mi familia y mis amigos. Pero al igual que Dios continuó llamando a Samuel múltiples veces, lo mismo hizo conmigo. Al final escuché y entendí la llamada de Dios para mi vida. Dios me estaba llamando para que simplificara y me deshiciera de todos los excesos y cosas materiales que me atrapaban. Fui capaz de deshacerme de la mayoría de mis posesiones y luego alquilé mi casa, ya que era demasiado grande para una sola persona. Además, la llamada de Dios quería que cambiara mi vida radicalmente, dejando de trabajar con un propósito materialista en mi carrera para servir a Su propósito y ayudar a construir Su reino aquí en la tierra. No estaba segura de la dirección en la que me llevaría Dios, pero decidí dejar mi trabajo y deshacerme de mis posesiones para iniciar un peregrinaje que me permitiría tiempo fuera del ruido, de las distracciones del día a día y de la gente que amo para oír la voz de Dios con más claridad.

Fui de peregrinaje a Francia, España y Portugal. Parte del peregrinaje incluyó el Camino de Santiago durante cuarenta días. Mi peregrinaje incluyó oportunidades para abrazar la fe de aquellos que vinieron antes que yo, visitando algunos lugares de mis santos favoritos, así como los lugares sagrados donde han tomado lugar Apariciones Marianas. Mi peregrinaje incluyó las siguientes ciudades: París, Chartres, Lisieux, Mont Saint Michel, Lourdes, Fátima, Santarém, Ávila, Madrid, Barcelona, Montserrat, y todas las ciudades a lo largo del Camino. El Camino de Santiago (llamado "the Way of Saint James" en inglés) es una ruta de peregrinaje en Europa que la gente ha usado desde hace siglos. Caminé por la ruta francesa, que empieza en Saint Jean Pied de Port en los Pirineos franceses y termina en Santiago de Compostela en la costa oeste de España.

Durante el tiempo que anduve por el Camino, tomé la decisión de desconectarme de mi familia y amigos. La única comunicación que tuve con ellos era para decirles que estaba viva y en qué pueblo estaba. Pero sin embargo, continué leyendo sus peticiones de oración y pasé mucho tiempo durante mi caminata orando por mis seres queridos que quedaron en casa. Quería pasar mis cuarenta días en el Camino con Dios, bloqueando los pensamientos sobre los demás. Parte de la razón de mi peregrinaje y desconexión era identificar la voluntad de Dios para mi vida y que vocación deseaba para mi: una vida de casada, una vida religiosa o una vida de soltera. Siempre he sido una persona con objetivos, así que el saber mi vocación y centrarme en mi ministerio de esa vocación parecía indispensable para servir de la mejor manera posible a Dios. Quería aprovechar la oportunidad de escuchar a Dios y seguir Su voluntad en mi vida.

Como dice el chiste, "¿Quieres hacer reír a Dios? ¡Solamente tienes que contarle tus planes!" Mi plan era descubrir mi vocación. Ahí estaba nuevamente con un objetivo, pero aprendí que Dios tenía otros planes para mi. Durante todo mi peregrinaje fui recibiendo lecciones espirituales que no dejaban de maravillarme. Algunas parecían muy simples, mientras que otras eran muy complejas. Además, descubrí que algunos pasajes de la Biblia que había escuchado antes tomaban un nuevo significado cuando los volví a escuchar o meditar otra vez. Con la gracia de Dios, sin las distracciones y el ruido del día a día, escuché a Dios hablándome. No fue una voz que venía del cielo, pero usualmente sentía que me guiaba a hacer algo. El Espíritu Santo me estaba guiando y al haber centrado todo mi viaje a Dios, me abrí para escuchar el movimiento del Espíritu Santo en lo más profundo de mí ser. ¡Fue realmente maravilloso, nunca antes había escuchado tanto a Dios en mi vida!

Recorrer el Camino no es una carrera, y debido a que no tenía ninguna presión o fecha para volver a casa, fui capaz de caminar y disfrutar de mi experiencia en vez de calcular a qué pueblo tenía que llegar cada día.

Además, no había leído una guía sobre el Camino anteriormente, y tampoco llevaba una conmigo. Antes de dejar los Estados Unidos, me pasé tres horas mirando un mapa de Europa y planeando en qué orden visitaría una serie de ciudades. También anoté el nombre de esos lugares y la distancia entre cada uno. Además de eso, el resto del plan se lo dejé a Dios y estaba en Su tiempo. Simplemente me presente en Saint Jean Pied de Port y comencé a caminar, siguiendo las conchas de mar, flechas amarillas y rayas rojiblancas que marcaban el camino.

Algo que no esperaba durante el viaje fue el compañerismo del Camino. Había gente de todo el mundo, y aunque veníamos de muchos países con idiomas diferentes, tuve la oportunidad de comunicarme con mucha gente. Me había desconectado de mis relaciones habituales intencionalmente, pero sabía que Dios intencionalmente había traído estas nuevas relaciones a mi vida por una razón. Mi tiempo en el Camino no fue un peregrinaje silencioso de cuarenta días, pero fue un equilibrio muy saludable. La mayoría de la caminata la pasé en silencio, pero compartiría compañerismo y conversación en los albergues de peregrinos cuando estábamos partiendo el pan.

Finalmente, como mencione antes, con mi mente totalmente centrada en Dios y mi interior estando en silencio, fui capaz de escuchar a Dios más que en ningún otro momento de mi vida, y empecé a darme cuenta de las intuiciones espirituales que Él me estaba dando. Mientras caminaba de seis a diez horas diarias, comencé a grabar esos pensamientos en mi cámara para mi misma, por que no quería olvidarlos. Luego a lo largo del camino, me di cuenta de que no solamente eran intuiciones espirituales para mí, pero para yo compartirlas con los demás. Sabía que esto era lo que Dios me llamaba hacer, a trabajar para su Iglesia como parte de la nueva evangelización. Lo que voy a compartir no será nuevo para todos, pero les puede dar un nuevo entendimiento de muchos de los componentes de la fe cristiana. Los siguientes capítulos incluyen las lecciones espirituales que enriquecieron mi peregrinaje a lo largo del Camino de Santiago y que continúan enriqueciendo mi vida espiritual. Espero que mejoren su vida espiritual, ¡y que puedan escuchar la llamada del Espíritu Santo!

Lección 1

En el día que fui desde Saint Jean Pied de Port hasta Roncesvalles, me impresiono al ver la cantidad de compañeros peregrinos que había. Estaba caminando en la temporada baja del Camino (muchas personas van durante el verano), y a pesar de eso, constantemente nos pasaban o pasábamos peregrinos a lo largo de todo el día. Cada vez que los peregrinos pasaban, pronunciaban la siguiente frase: "Buen Camino," un grito de llamado entre los peregrinos que en ingles quiere decir, "Good way." De los veintisiete kilómetros de ese día, solamente en los últimos cuatro kilómetros se notó que bajo la multitud. Esto probablemente fue por que los otros peregrinos tal vez caminaban más rápido o más lento que mis compañeros que había conocido en el tren y yo. En Roncesvalles había más de trescientos peregrinos en el albergue (casas con muchos cuartos para los peregrinos), y mucha gente dormía en alojamientos privados. Roncesvalles, siendo el primer pueblo de la ruta en España, es un punto de inicio habitual para la gente que quiere evitar el desafiante tramo de Saint Jean Pied de Port. Los peregrinos irlandeses con los que me encontré, quienes habían hecho el Camino desde múltiples rutas, me comentaron que el tramo de Saint Jean Pied de Port a través de los Pirineos era el más exigente físicamente de todas las rutas del Camino que habían hecho.

Todo el mundo sentía emoción por la aventura que sería el próximo mes de sus vidas. La emoción era tanta, que además de ver a los peregrinos, también podía escucharlos. Justo después de Pamplona, España, pareció que el número de peregrinos empezó a reducirse y los que quedaban en el sendero entraron en un estado de silencio. Todavía se vivía un ambiente amistoso, pero creo que todo el mundo fue consciente y respetuoso con el silencio del Camino. Fue en ese silencio que llegué apreciar el tiempo para pensar, rezar y tener una reflexión profunda por primera vez. Pasamos mucho tiempo de nuestras vidas sometidos al ruido- ruido de la gente, trabajo, escuela, aficiones, ministerios, computadoras, teléfonos, radios, y la lista continua. El ruido es uno de los mejores aliados del diablo. Si estamos distraídos con el ruido, no podremos centrarnos solamente en Dios. El ruido no siempre viene de una fuente malvada, ya que podríamos estar escuchando música cristiana. Si un ruido distrae nuestra atención en Dios, entonces ese ruido no nos beneficia.

Durante esa primera parte de caminar, me empezó a encantar el silencio que el sendero ofrecía. Fui capaz de meditar en las Estaciones de la Cruz (la pasión de nuestro Señor) y en los veinte misterios del rosario, para rezar por mi familia y amigos, y simplemente para estar en silencio en la presencia de Dios.

En nuestra vida espiritual, necesitamos reducir el ruido y distracciones de nuestras propia vida. Descubre de donde viene el ruido y pregúntese a usted mismo si puede reducir algo de el. En mi vida laboral los demás me conocían por mi habilidad para maximizar mi tiempo y poder realizar mis tareas, y enseñé como administrar el tiempo (que realmente trata sobre "tu administración"). Muchas veces la gente me decía, "No tengo tiempo libre". Después de sentarme con ellos, pudimos encontrar de veinte a cuarenta horas de tiempo mal usado en sus semanas. Ninguno de nosotros es llamado a la vida religiosa en un orden contemplativo, pero Dios nos llama a una vida contemplativa con Él. ¿Cuánto tiempo dedicas a la semana a estar con Dios? No trabajando para Él, como en proyectos de servicio (sí, Él nos llama a servir, pero primero nos quiere a nosotros), pero solamente para estar con Él mediante la oración, el silencio, la meditación y la reflexión. Es en este punto cuando la mayoría de nosotros nos damos cuenta de que lo podemos hacer mejor. Si usted honestamente examina cada día y semana, creo que se sentirá sorprendido al saber que el ruido de su vida no tiene que estar ahí. ¿Qué ruido esta dispuesto a quitar para Dios? ¿La radio en su camino al trabajo? ¿El ir a comer fuera en su descanso? ¿La televisión? ¿Las películas? ¿Los deportes? ¿Los libros de ficción? ¿Las noches de póker? ¿Una cita? ¿Dormir hasta tarde? ¿Las redes sociales? ¿Internet?

Yo estaba muy ocupada en mi carrera. Me había destacado desde muy joven y estaba trabajando continuamente para mejorar mi departamento. Muchas veces llegaba a casa de noche y literalmente, me preparaba para ir a la cama, pero siempre encendía la tele para poner una película mientras me dormía. Entonces un día fui desafiada, al igual que le estoy desafiando yo ahora. Ver una película no es un vicio, pero me di cuenta de que pasaba catorce horas a la semana viendo películas en vez de pasar esas catorce horas a la semana con Dios. Algo tenía que cambiar. ¡La verdad es que mi subscripción a Netflix bajó dramáticamente! Irónicamente, como una persona que administra su tiempo, me gustaba ver una película en vez de programas de televisión. Sabía exactamente lo que duraba cada película, pero con los programas de televisión, a veces me quedaba viendo uno tras otro, y cuando me daba cuenta, ya habían pasado tres horas.

No le estoy pidiendo que quite todo el ruido y distracciones de su vida, simplemente le estoy pidiendo que evalúe honestamente su vida y diga, "Dios, te voy a dar esto por que te quiero." Si quiere a alguien, le apetece pasar tiempo con él o con ella. Yo sé que Dios le quiere y que le está esperando. Él le quiere tanto que le encontrará donde quiera que esté. No tiene que conducir una larga distancia para estar con Él, aunque le encanta cuando usted viene a cenar a su casa (el banquete de Misa). Él le está esperando cada minuto del día, y está listo para una relación más profunda. ¿Qué está dispuesto a dejar para encontrarse con Él en silencio para la oración, meditación y reflexión?

Escritura de Meditación: Lucas 10:38-42

Siguiendo su camino, entraron en pueblo, y una mujer, llamada Marta, lo recibió en su casa. Tenía una hermana llamada María, que se sentó a los pies del Señor y se quedó escuchando su palabra. Mientras tanto Marta estaba absorbida por los muchos quehaceres de la casa. En cierto momento Marta se acercó a Jesús y le dijo: "Señor, ¿no te importa que mi hermana me haya dejado sola para atender? Die que me ayude." Pero el Señor le respondió: "Marta, Marta, tu andas preocupada y te pierdes en mil cosas: una sola es necesaria. María ha elegido la mejor parte, que no le será quitada."

Reflexión:

¿Qué ruido le impedía a Marta estar con el Señor?

¿En qué momento de mi vida he estado muy ocupado intentando servir a Dios y he fallado a estar con Dios?

¿Qué ruido de mi vida actual está evitando que pase tiempo con Dios?

Ahora las buenas noticias: para aquellos de nosotros que estamos orientados al servicio, siempre trabajando para el Señor pero no a estar con el Señor, podemos cambiar. Esto no significa que dejemos de servir. Pero para poder servir a los demás con el amor de Dios, ¡necesitamos ser llenados con el amor de Dios! La historia de Marta continúa cuando leemos Juan 11:17-27.

Cuando llego Jesús, Lázaro llevaba ya cuatro días en el sepulcro. Betania está a unos tres kilómetros de Jerusalén, y muchos judíos habían ido a la casa de Marta y de María para consolarlas por la muerte de su hermano. Apenas Marta supo que Jesús llegaba, salió a su encuentro, mientras María permanecía en casa. Marta dijo a Jesús: "Si hubieras estado aquí, mi hermano no habría muerto. Peo aun así yo sé que puedes pedir a Dios cualquier cosa, y Dios te la concederá." Jesús le dijo: "Tu hermano resucitara." Marta respondió: "Ya sé que será resucitado en la resurrección de los muertos, en el último día." Le dijo Jesús" "Yo soy la resurrección (y la vida). El que cree en mí, aunque muera, vivirá. El que vive, el que cree en mí, no morirá para siempre. ¿Crees esto?" Ella contesto: "Si, Señor; yo creo que tú eres el Cristo, el Hijo de Dios, el que tenía que venir al mundo."

Vemos una Marta cambiada. Ella escucha que el Señor está viniendo, y esta vez, en lugar de preparar la casa y atender a los invitados, corre hacia el Señor. ¿Está listo a abandonar su lista de tareas y todo el ruido para poder correr hacia el Señor con toda la confianza y fe?

Lección 2

Al comenzar el Camino, recé las Estaciones de la Cruz para pensar sobre el gran sacrificio que hizo Jesús para pagar una deuda que yo nunca podría devolver y que no la debía. Las estaciones me proporcionaron una manera de meditar sobre el amor que nuestro Señor nos tiene y también me ayudó a poner mi pequeña cantidad de dolor en proporción. Sí, mi bolsa era pesada, pero no tanto como la cruz que Cristo tuvo que cargar. Sí, podría estar caliente o frio pero tenía el equipamiento adecuado que ponerme. Sí, tenía sed y algunos días bebí cuatro litros de agua mientras caminaba, pero al menos tenía acceso a agua buena y limpia. Desde mi primer día hasta el último en el Camino, las Estaciones de la Cruz me ayudaron a crecer espiritualmente. Además, las estaciones se convirtieron en parte de mi idioma con mis compañeros peregrinos.

La primera estación tiene a Cristo siendo sentenciado a muerte por Pilato, y yo me veo a mí misma como Pilato. ¿Cuántas veces he fallado bajo la presión de los demás? ¿Cuántas veces no me he puesto del lado de Dios o de lo que era correcto por miedo de ir contra la multitud? Es en esta estación que puedo ver mis fallas y debilidades.

Escritura de Meditación: Mateo 27:15-26

Con ocasión de la Pascua, el gobernador tenía la costumbre de dejar en libertad a un condenado, a elección de la gente. De hecho el pueblo tenía entonces un detenido famoso, llamado Barrabas. Cuando se juntó toda la gente, Pilato les dijo: "¿A quién quieren que deje libre, a Barrabas o a Jesús, llamado el Cristo?" Porque sabía que le habían entregado a Jesús por envidia. Mientras Pilato estaba en el tribunal, su mujer le mando a decir: "No te metas con ese hombre porque es un santo, y anoche tuve un sueño horrible por causa de él." Mientras tanto, los jefes de los sacerdotes y los jefes de los judíos persuadieron al gentío a que pidieran la libertad de Barrabas y la muerte de Jesús. Cuando el gobernador volvió a preguntarles: "¿A cuál de los dos quieren que les suelte?", ellos contestaron: "A Barrabas." Pilato les dijo: "¿Y que hago con Jesús, llamado el Cristo?" Todos contestaron: "¡Crucifícalo!" Pilato insistió: "¿Que ha hecho de malo?"

Pero ellos gritaban cada vez con más fuerza: "¡Que sea crucificado!" Al darse cuenta Pilato de que no conseguía nada, sino que más bien aumentaba el alboroto, pidió agua y se lavó las manos delante del pueblo. Y les dijo: "Ustedes responderán por su sangre, yo no tengo la culpa." Y todo el pueblo contesto: "¡Que su sangre caiga obre nosotros y sobre nuestros hijos!" Entonces Pilato les soltó a Barrabas. Mando azotar a Jesús y lo entrego a los que debían crucificarlo. Los soldados romanos llevaron a Jesús al patio del palacio y reunieron a toda la tropa en torno a él.

Reflexión:

¿Cuándo he permitido que otros tengan influencia en una decisión y he ido contra lo que sabía que era correcto?

¿Cuándo he fallado en actuar a favor de Dios?

Muchas veces cuando leemos la Biblia, tendemos a catalogar a la gente como buena o mala, pero la realidad es que todos tenemos bien y mal dentro de nosotros. La cuestión del bien contra el mal no es una batalla exterior, pero una batalla interior con nuestro propio corazón. Al igual que Pedro, le he fallado a nuestro Señor y he negado conocerle cuando no he podido cumplir Su voluntad o ponerme de Su lado. Pero como a Pedro, Dios también me ha perdonado y proporcionado el Espíritu Santo. Mi objetivo es siempre hablar la verdad en amor, lo cual puede hacer enfadar a la gente, pero prefiero ser odiada por el hombre que crucificar a mi Dios, quien ya ha sufrido bastante por mis fallas.

Lección 3:

Mientras recorría el Camino, noté una diferencia en mis oraciones en relación a mi dolor y lesiones. Antes del peregrinaje, cuando tenía una lesión le pedía a Dios que me quitara el dolor y me sanara. Sin embargo, mucho antes de mi peregrinaje, cuando caminaba y sentía dolor en diferentes partes de mi cuerpo, usaba una oración muy diferente. Primero, le ofrecía esa pequeña muestra de dolor a Dios como símbolo de mi amor por Él y de expiación de mis pecados. Luego le pedía a Dios que me quitara el dolor si esa era Su voluntad, pero si necesitaba el dolor para crecer espiritualmente, le pedía me diera Su gracia para aceptarlo. Algunos días, casi al momento, el dolor desaparecía, y otros días continuaba con el dolor físico. Esta simple oración me ayudó a crecer espiritualmente, pasando de ver a Dios como un "Dios genio" a verlo como "mi Dios", el Señor de mi vida.

Escritura de Meditación: Mateo 26:38-42

Y les dijo: "Siento una tristeza de muerte. Quédense aquí conmigo y permanezcan despiertos." Fue un poco más adelante y, postrándose hasta tocar la tierra con su cara, oró así: "Padre, si es posible, que esta copa se aleje de mí. Pero no se haga lo que yo quiero, sino lo que quieres tú." Volvió donde sus discípulos, los halló dormidos; y dijo a Pedro: "¿De modo que no pudieron permanecer despiertos ni una hora conmigo? Estén despiertos y recen para que no caigan en la tentación. El espíritu es animoso, pero la carne es débil." De nuevo se apartó por segunda vez a orar": "Padre, si esta copa no puede ser apartada de mi sin que yo la beba, que se haga tu voluntad."

Reflexión:

Cuando ocurren cosas malas, ¿le pido a Dios que las elimine o le pido Su voluntad?

¿Cómo me puede dar comodidad el rezar por la voluntad de Dios?

Gran parte de nuestra cultura se basa en la comodidad y el placer, pero normalmente crecemos en los momentos más difíciles. Piense sobre la prueba de Pedro durante la sentencia del Señor. Esa prueba causó en Pedro el crecimiento que necesitaba, pasando del exceso de confianza en sí mismo a la confianza en Jesús.

Lección 4:

El paisaje del Camino es maravilloso. Viendo el esplendor que creó Dios, me fijé en una fruta silvestre que crecía junto al camino. En medio de la nada crecían moras, bayas de saúcos, frambuesas, y alguna higuera. Estas frutas silvestres se mezclaban con otras plantas, malas hierbas y espinas. A veces la cantidad de tierra era reducida en las zonas rocosas, por lo que me preguntaba cómo era posible que las frutas sobrevivieran.

Al principio, no estaba segura de probarlas, ya que estaba viajando sola, pero de vez en cuando las probaba. Normalmente con un solo mordisco, ya sabía que fruta estaba mala y eso hacía que dejara de probar más por unos cuantos días. Después de comer una pieza de fruta en particular, tuve que escupir y beber un trago de agua inmediatamente. Luego también tuve que escupir el agua, intentando limpiar mi boca. El sabor de la fruta, a pesar de que tenía un buen color y apariencia, era horrible y agrio. Sabía tan mal que pensaba que podía haberme comido una baya venenosa.

Los viñedos que crecían a lo largo del camino parecían estar bien mantenidos, y por su tamaño, sabía que eran utilizados para producir vino. Las uvas en los viñedos eran tentadoras, pero sabiendo que eran propiedad de alguien, no podía cogerlas sin sentirme culpable por robar el sustento de otra persona. Sin embargo, tuve la suerte de andar por el Camino en tiempo de cosecha, así que los mercados estaban llenos de uvas locales y muchos pueblos estaban teniendo sus ferias anuales del vino coincidiendo con la cosecha. Las uvas que compré eran deliciosas.

Un día, Dios hizo que me fijara en dos hechos muy diferentes. En la parte izquierda del sendero, podía ver moras que habían agarrado el color adecuado, pero que no eran ni del tamaño de una moneda de diez centavos, creciendo entre malas hierbas, espinas y arbustos. Además, la tierra en ese lado se mezclaba con el terreno rocoso. En contraste, el lado derecho del camino estaba repleto de maravillosos viñedos. Las parras estaban llenas y exuberantes, las uvas tenían una forma perfecta. El viñedo bien cuidado tenía una buena tierra sin hierbas. Pensé en la ironía de cómo solamente un camino de cuatro pies de ancho separaba estos dos lados tan diferentes.

Este pensamiento, por supuesto, me hizo pensar y entender más la parábola sobre el sembrador que Jesús compartió con Sus seguidores. Piense sobre ir a la iglesia y escuchar la palabra de Dios mediante su pastor. Algunos de nosotros nos marcharíamos inspirados, pero con el paso del tiempo, la motivación temporaria de vivir nuestras vidas a la manera de Dios disminuiría. Para permitir realmente que la palabra de Dios cambie nuestras vidas a diario, tenemos que preparar nuestros corazones, mentes y cuerpos para no solamente recibir su palabra, también para permitir que acompase totalmente nuestras vidas. Tenemos que ser jardineros, trabajando nuestros jardines (nuestros pensamientos y acciones) para que la palabra de Dios florezca en nuestros jardines. Tenemos que quitar las rocas que nos hacen tambalearnos y nos impiden tener una buena tierra para crecer. Tenemos que arrancar de nuestras mentes y corazones las malas hierbas, que son los vicios y ruidos de nuestras vidas que pueden asfixiar la palabra de Dios. Finalmente, debemos asegurarnos de que nuestras raíces son capaces de crecer en el conocimiento y el deseo de Dios. Podemos conseguirlo rezando más y leyendo nuestras Biblias para permitir que nuestras raíces crezcan dentro de la buena tierra que Dios ha preparado para nosotros.

Meditación de Escritura: Mateo 13:18-23

"Escuchen ahora la parábola del sembrador: Cuando uno oye la palabra del Reino y no la interioriza, viene el Maligno y le arrebata lo que fue sembrado en su corazón. Ahí tienen lo que cayó a lo largo del camino. La semilla que cayó en terreno Pedregoso, es aquel que oye la Palabra y en seguida la recibe con alegría. En él, sin embargo, no hay raíces, y no dura más que una temporada. Apenas sobreviene alguna contrariedad o persecución por causa de la Palabra, inmediatamente se viene abajo. Le semilla que cayó entre cardos, es aquel que oye la Palabra, pero luego las preocupaciones de esta vida y los encantos de las riquezas ahogan esta palabra, y al final no produce fruto. La semilla que

cayó en tierra buena, es aquel que oye la Palabra y la comprende. Este ciertamente dará fruto y producirá cien, sesenta o treinta veces más."

Reflexión:

¿Cuáles son algunos de los bloqueos que debo eliminar de mi vida? ¿Y cómo puedo eliminarlos?

¿Cuáles son los vicios que tengo que eliminar?

¿De qué manera puedo expandir mis raíces para conocer y querer más a Dios?

¿Cómo puedo hacer que mi jardinero espiritual alimente la tierra?

En el Génesis, Capítulo 2:15, vemos que la primera responsabilidad del hombre era cultivar y mantener el jardín del Edén. *"Yavé Dios tomó al hombre y lo puso en el jardín del Edén para que lo cultivara y lo cuidara."*

La primera responsabilidad que se le dio a Adán tiene que ser hoy en día la nuestra. Tenemos que centrarnos en mantener nuestros jardines labrados para alejar las cosas que dificultan nuestra vida con Dios. Dios nos dio una tierra rica, pero es nuestra responsabilidad mantener esa tierra rica y limpia. El permitir unas pocas malas hierbas, puede convertirse rápidamente en un jardín lleno de malas hierbas.

Lección 5:

Como mencioné antes, dejé mi vida para seguir a Dios y descubrir la voluntad de Dios para mí. Fue en el Camino de Santiago-la Vía de Santiago- que me di cuenta que no estaba en la Vía de Santiago sino en la Vía de Kim, el Camino de Kim. Estaba en el sendero tratando de descubrir la persona que Dios quería que fuese. Todos tenemos un camino en la vida que Dios nos pide que sigamos, y espera a que cada uno de nosotros respondamos. Nuestros caminos de fe no comienzan el día que decidimos amar y servir a Dios, nuestras historias comienzan en el momento que nuestras vidas comienzan. Cada evento y persona con la que me he encontrado, me ha ayudado a darle forma a mi historia de fe. Incluso la gente que me apartó de Dios le ha dado forma al camino de mi fe. San Agustín nunca hubiese sido el hombre de Dios que llegó a ser de no haberse alejado tanto de Dios. Del mismo modo, gente como Santa Teresa de Lisieux no tuvo que alejarse tanto de Dios para convertirse en la chica y mujer joven de Dios que fue en su vida. Nunca dos caminos hacia Dios serán iguales, ya que cada uno de nosotros tenemos nuestro camino hacia Dios. Solamente tenemos que mirar al pasado y ver cómo se relaciona con nuestro presente para enfocar nuestro futuro. Mi esperanza es que el Camino de Kim me lleve más cerca de Dios a diario.

Escritura de Meditación: Hechos 9:1-22

Saulo no desistía de su rabia, proyectando violencias y muerte contra los discípulos del Señor. Se presentó al sumo sacerdote y le pidió poderes escritos para las sinagogas de Damasco, pues quería detener a cuantos seguidores del Camino encontrara, hombres y mujeres, y llevarlos presos a Jerusalén. Mientras iba de camino, ya cerca de Damasco, le envolvió de repente una luz que venia del cielo. Cayo al suelo y oyó una voz que le decía: "Saulo, Saulo, ¿por qué me persigues?" Pregunto el: "¿Quién eres tú, Señor?" Y el respondió: "Yo soy Jesús, a quien tu persigues. Ahora levántate y entra en la ciudad. Allí se te dirá lo que tienes que hacer." Los hombres que lo acompañaban se habían quedado atónitos, pues oían hablar, pero no veían a nadie, y Saulo, al levantarse del suelo, no veía nada por más que abría los ojos. Lo tomaron de la mano y lo llevaron a Damasco. Allí permaneció tres días sin comer ni beber, y estaba ciego.

Vivía en Damasco un discípulo llamado Ananías. El Señor lo llamo en una visión: "¡Ananías!" Respondió el: "Aquí estoy, Señor." Y el Señor le dijo: "Vete en seguida a la calle llamada Recta y pregunta en las casa de Judas por un hombre de Tarso llamado Saulo. Lo encontraras rezando, pues acaba de tener una visión: un varón llamado Ananías entraba y le imponía las manos para que recobrara la vista." Ananías le respondió: "Señor, he oído a muchos hablar del daño que este hombre ha causado a tus santos en Jerusalén. Y ahora está aquí con poderes del sumo sacerdote para llevar presos a todos los que invocan tu Nombre." El Señor le contesto: "Ve. Este hombre es para mí un instrumento escogido, y llevara mi Nombre a las naciones paganas y a sus reyes, así como al pueblo de Israel. Yo le mostrare todo lo que tendrá que sufrir por mi Nombre."

Salió Ananías, entro en la casa y le impuso las manos diciendo: "Hermano Saulo, el Señor Jesús, el que se te apareció en el camino por donde venias, me ha enviado para que recobres la vista y quedes lleno del Espíritu Santo." Al instante se le cayeron de los ojos una especie de escamas y recobro la vista. Se levantó y fue bautizado. Después comió y recobro las fuerzas. Saulo permaneció durante algunos días con los discípulos e Damasco, y en seguida se fue por las sinagogas proclamando a Jesús como el Hijo de Dios. Los que lo oían quedaban maravillados y decían: "¡Y pensar que en Jerusalén perseguía a muerte a los que invocaban este Nombre! Pero ¿no ha venido aquí para encadenarlos y llevarlos ante los jefes de los sacerdotes?" Saulo, cada vez con más vigor, demostraba que Jesús era el Mesías, y refutaba todas las objeciones de los judíos de Damasco."

Reflexión:

Como instrumento elegido por Dios, ¿qué papel juega mi pasado en compartir mi fe con los demás?

¿Cómo hacen mis pecados pasados y presentes que otros se cuestionen o duden de mi sinceridad para servir a Dios?

En la Biblia, no solamente descubrimos la voluntad de Pablo para seguir a Dios, también descubrimos la historia de una niña de catorce años (María) y su voluntad para llevar a cabo la voluntad de Dios. Si estamos dispuestos a ceder nuestras vidas a Dios, nos usará para hacer cosas maravillosas. Dios nos creó y nos ha elegido para que seamos Sus instrumentos, pero nos da la opción de decir sí o no. Cuando a Dios le decimos que sí, los resultados son mucho mejores de lo que jamás podríamos esperar. Permite que cada uno de nosotros tengamos la fe y confianza que María tuvo cuando dijo estas pocas palabras que encontramos en Lucas 1:38: *"Yo soy la servidora del Señor, hágase en mí tal como has dicho."*

Lección 6:

El idioma común del Camino era el inglés. Me quedé sorprendida de la cantidad de peregrinos compañeros que hablaban inglés y cómo eso nos permitía compartir cosas entre nosotros. Los peregrinos con los que me encontré tenían diferentes historias y venían de varios países y religiones, pero todos compartimos la experiencia de andar por el Camino. La mayoría de mi tiempo en el Camino lo pasé en silencio, dejando que Dios me llenara. Una vez que dejaba de andar, pasaba buen parte de mi tiempo usando lo que Dios me había dado para los demás. Tuve muchas conversaciones profundas con peregrinos, desde breves charlas cuando nos poníamos las botas por las mañanas, hasta conversaciones largas en los albergues por las tardes.

En la vida, pasamos mucho tiempo y tenemos muchas conversaciones sobre cosas superficiales, sobre asuntos que son fáciles de compartir, y no hablamos de cosas más profundas. Cuando conocemos nuevas personas, muchas veces la conversación es del tipo: ¿Cómo te llamas? ¿De dónde eres? ¿A qué te dedicas? ¿Estás casado? ¿Tienes hijos? ¿Cómo está el tiempo? ¿A qué colegio vas? Estas preguntas implican que no tenemos que compartir información muy personal sobre nosotros, ni sobre nuestros pensamientos, sueños o miedos, ni siquiera damos una ligera idea de quienes somos. A este tipo de conversación la llamamos trivial. No sé de donde viene este término, ¡pero imagino que se llama así por la poca información que revela sobre nosotros! Sin embargo, la primera pregunta típica que se hace en el Camino es la siguiente: "¿Por qué estás caminando?" Esta pregunta revela inmediatamente el núcleo de quién somos y da mucha información sobre aspectos importantes de nosotros.

Conocí y tuve conversaciones profundas con peregrinos. Tuve múltiples conversaciones de diez minutos, pero también encontré a gente que veía continuamente en el Camino y con la que pasaba horas hablando. Fui capaz de crear relaciones con esos peregrinos. En todos los casos, tuve la oportunidad de ser testigo de mi fe y mi Dios. Mucha gente con la que me encontré estaban caminando para encontrarse así mismo, siendo esto algo que los humanos han estado siempre buscando. Encontrarnos a nosotros mismos no es un invento del siglo veintiuno, es algo que ha existido desde el comienzo de la humanidad. El objetivo de encontrarnos a nosotros mismos es un engaño creado por el diablo. Si pasamos tiempo intentando encontrarnos a nosotros mismos, no estamos pasando tiempo buscando a Dios. Pasamos ese tiempo persiguiendo objetivos que nos hacen felices, y nos perdemos la paz y gozo que Dios ha creado para nosotros.

Pensaba que la mayoría de las personas recorriendo el Camino estarían peregrinando por razones espirituales. La mayoría de la gente con la que me encontré estaba de vacaciones, de aventura o buscando un cambio en su vida. Aunque sus intenciones originales no eran hacer peregrinajes espirituales, tenían mucho tiempo solos para no reflexionar sobre sus vidas y no pensar sobre Dios. Además, el camino siempre pasaba por al lado de una iglesia, e incluso fuera del camino, cada pueblo por el que andábamos tenía una. El Camino hacía que llamáramos constantemente a Dios, y los propios pueblos con una iglesia en medio, hacían que pusiéramos a Dios en el centro de nuestras vidas.

Recuerdo en particular una conversación que tuve una noche con un hombre alemán. Estábamos cada uno en nuestra propia cama y me preguntó el motivo por el cual estaba haciendo el camino. Compartí mi historia sobre algunos de los cambios que había hecho en mi vida y que estaba caminando para descubrir la voluntad de Dios para mi vida. Entonces el alemán compartió conmigo el motivo por el cual estaba recorriendo el Camino. Acababa de terminar la carrera en la universidad, pero no quería trabajar en el campo que había estudiado. Decidió tomarse unas vacaciones para descubrirse a sí mismo. Recuerdo haber dicho algo como, "Esa es la diferencia, usted recorre el Camino para encontrarse a usted mismo, mientras que yo camino para encontrar la voluntad de Dios para mi." A pesar de no ser mucho más mayor que el alemán, me había graduado en la universidad diez años antes que él. Había pasado una gran parte de mi vida persiguiendo cosas que me harían feliz, ya sabe, ¡todas esas cosas que forman el llamado sueño Americano! Después de toda esta búsqueda, me di cuenta de que ninguna de estas cosas me hacía verdaderamente feliz, la felicidad verdadera es eterna y nos da paz y gozo. Es cierto que el conseguir el trabajo de su sueño, un premio, un aumento de sueldo, un nuevo coche, una casa y todas esas cosas nos pueden hacer feliz a corto plazo, pero la felicidad basada en las "posesiones y cosas" no dura, ya que queremos más cosas cuando la última no nos hace felices. Pero cuando buscamos la voluntad de Dios en nuestras vidas y le seguimos, somos capaces de encontrar una paz y un gozo incomparable. Cuando intentamos encontrarnos a nosotros mismos, nos perdemos en el egoísmo. Sin embargo, cuando buscamos a Dios y su voluntad para nuestras vidas, lo encontraremos en todo, incluyendo en nosotros mismos.

Escritura de Meditación: 1 Juan 2:15-17

No amen al mundo ni lo que hay en el mundo. Si alguno ama al mundo, el amor del Padre no está en él. Pues de toda la corriente del mundo – la codicia del hombre carnal, los ojos siempre ávidos, y la arrogancia del éxito- nada viene del Padre, sino del mundo. Pasa el mundo con todas sus codicias, pero el que hace la voluntad de Dios permanece para siempre.

Reflexión:

¿En que formas busco amar a Dios o más a mí mismo?

Mediante mis conversaciones con otra gente, ¿es obvio que quiero a Dios? Si no es así, ¿cómo puedo hacerlo obvio?

En nuestra sociedad, este es uno de los mayores desafíos. Estamos constantemente asaltados con "Quiero esto y lo otro". Somos como niños en Navidad gritando "Yo. Yo. Yo." Por supuesto, no parece raro, ya que todo el mundo en nuestra sociedad lo hace, así que este proceso de pensamiento se ha convertido en algo normal. Tenemos comerciales que nos dicen lo que tenemos que hacer. Nuestros amigos nos dicen que nos lo merecemos. A lo largo de nuestra vida, todos esos pequeños mensajes crecen tanto en nosotros que terminamos por creérnoslos. ¿Qué es lo que quiero? Este es otro caso de los engaños del diablo.

Romanos 12:2 desafíos, *"No sigan la corriente del mundo en que vivimos, sino más bien transfórmense a partir de una renovación interior. Así sabrán distinguir cual es la voluntad de Dios, lo que es bueno, lo que agrada, lo que es perfecto."* Tengo que desafiarme a mí misma a diario, y ahora le desafío a usted a que haga lo mismo. Hagamos que el diablo entre en pánico. ¡Dejemos de buscarnos a nosotros mismos y nuestra felicidad y empecemos a buscar la voluntad de Dios en nuestras vidas para disfrutar de la paz y gozo que Dios ha planeado para nosotros!

Lección 7:

El recorrer el Camino de Santiago ha sido uno de los mayores esfuerzos físicos que he hecho jamás. Para añadir más dificultad, el tiempo era cambiante creando ambientes difíciles. El tiempo cambiaba de tener que usar una chaqueta de invierno mientras caía aguanieve de las montanas a sudar mientras caminaba con pantalones cortos y camiseta. Además, mi cuerpo sufría lesiones físicas como ampollas en todo el pie y un tirón en la ingle. Un día, mientras andaba en las montañas sobre las rocas, Dios hizo que una de mis reflexiones espirituales se convirtiera en realidad. Hace unos pocos años, había liderado a un grupo de mujeres en la reflexión espiritual para evitar todos los obstáculos del camino. El hacer el Camino me ayudó mucho a entender los conceptos sobre los que antes había hablado.

Ya sabe, muchas veces nos enfrentamos a desafíos y situaciones difíciles. Algunas de ellas vienen de a saber donde, y viajamos entre obstáculos y caemos. Otras veces vemos obstáculos en caminos delante nuestro (y aunque nuestros amigos nos advierten sobre ellos), seguimos caminando pensando que de alguna manera los obstáculos se quitarán por sí mismos. Una vez más, volvemos a tropezar y volvemos a caer. Si echamos la vista atrás en nuestras vidas, podemos ver los obstáculos que nos hicieron caer y nos dieron la opción de levantarnos de nuevo y afrontarlos de otra manera. Esos obstáculos se convierten en nuestros escalones. La gente más sabia aprende de sus propios errores. Si abandono el camino cristiano y caigo en el pecado, tengo tres opciones: seguir pecando y caer más fuerte, no hacer nada y pasar sin pena ni gloria o levantarme y pedir la gracia de Dios para dominar el pecado que me ha hecho caer. En diferentes puntos de mi vida, he respondido al pecado de cada una de estas tres formas, y te puedo decir que la tercera es la que me he esforzado hacer. Es la única que me da paz y comodidad. Cada obstáculo y desafío al que nos enfrentamos, si se lo permitimos, nos ayudará a crecer en nuestra vida espiritual.

Cada día mientras andaba, solía meditar en las Estaciones de la Cruz, la pasión del Señor. Después de que Jesús fuera asesinado, los cristianos hacían un peregrinaje hasta Jerusalén para seguir los pasos de la pasión de nuestro Señor. Cuando Jerusalén empezó a no ser seguro para los cristianos, la iglesia empezó a ofrecer varias Estaciones de la Cruz a los cristianos para que pudieran hacer sus peregrinajes en sus propias iglesias. Las Estaciones recuerdan la tradición de que Jesús se cayó tres veces cuando iba camino de su muerte, llevando la cruz. Fue durante una de mis meditaciones cuando me di cuenta de que nuestro propio Señor tenía sus propios obstáculos: Estaba muy mal físicamente, recibió una paliza y el peso de la cruz era demasiado, su cuerpo humano no podía soportarlo. Aun así, después de cada caída, se levantaba de nuevo. Jesucristo, levantándose después de las caídas por el peso de la cruz, nos da esperanza; El cambió el obstáculo a un escalón.

Escritura de Meditación: Proverbios 24:16

Si el justo cayo siete veces, se levantara otras tantas, mientras que los malvados caerán para seguís en su desgracia.

Reflexión:

En mi vida, ¿qué ha sido un obstáculo y luego se ha convertido en un escalón?

¿Cómo puede fortalecerme la meditación en la pasión del Señor mis ganas de levantarme cuando tropiezo?

Puede encontrar consuelo en saber que cada vez que se tropieza, Dios le dará la gracia de volverle a levantarse. Mediante Su misericordia y compasión, mis obstáculos se han convertido en los escalones sobre los que actualmente me apoyo. En el Camino, podría haber permitido que el dolor fuera un obstáculo y dejarlo, pero en vez de eso, seguí caminando con dolor, y ese dolor paso de ser un obstáculo a un escalón para crecer espiritualmente.

Lección 8:

Un día mientras andaba por los viñedos, tuve tiempo para reflexionar sobre los viñedos y su cosecha. Pasaba por los viñedos mientras los campesinos estaban recogiendo las uvas de las parras. Muchos pueblos estaban celebrando las cosechas con las ferias anuales del vino.

Los viñedos eran enormes y llegaban tan lejos como mis ojos podían ver. Vi un camión transportando a seis trabajadores para recoger las uvas. Eso me hizo pensar sobre la parábola de nuestro Señor diciendo que la cosecha es rica, pero que los trabajadores son pocos. Pensé sobre mi tiempo en el Camino, en lo fácil que era compartir mi historia con los peregrinos y cómo Dios estaba trabajando en mi vida con ellos. Simplemente compartiendo mi historia y la razón por la que estaba haciendo el Camino, me daba la oportunidad de compartir la historia de Dios. La mayoría de la gente con la que hablé no se calificaba como cristianos, pero no tuve ningún problema en compartir a Dios con ellos.

Antes de ir a este peregrinaje, ¿cuántas veces compartía con los demás lo que Dios estaba haciendo en mi vida? ¿Cada cuánto mis conversaciones en el trabajo, con amigos, en la tienda o en cualquier sitio al que fuera, no hable sobre Dios y la gracia que ha dado mediante Su hijo? ¿Por qué no compartí con los demás el mejor regalo que me habían dado? Jesús nos dijo, 'la cosecha es rica y los trabajadores son pocos.' Y ahora sabemos el motivo. Yo, como muchos de mis hermanos y hermanas en Cristo, fallé al compartir el amor de Dios con todos los que me encontré.

Ahora la sociedad nos indica que hablar sobre política y religión no es educado, ya que puede generar discusiones y puede hacernos perder a nuestros amigos. En el Camino me encontré con gente con diferentes visiones de la religión, moral y creencias, y compartir mi fe no les hizo distanciarse. La verdad es que les atrajo incluso más a mí. Una mañana conocí a una mujer cuando estábamos preparándonos para dejar el albergue, y compartimos la historia por la cual estábamos andando. Me contó que ella era agnóstica y eso estableció una pequeña barrera. Al final de la conversación de diez minutos, le deseé a ella y a otros peregrinos "Buen Camino," y les comenté que iba a realizar mis oraciones matutinas e ir a Misa en el convento del pueblo. Me preguntó si podía venir conmigo y fuimos a la capilla. Le expliqué ciertas cosas y la permití que usara mi misal para que pudiera leer en inglés, ya que la Misa era en español. Al final de la Misa, nos fuimos de la capilla y me invitó a tomar algo. Fuimos a una cafetería y hablamos durante una hora antes de separar nuestros caminos. Solamente la volvería a ver una vez más en mi peregrinaje. Nos volvimos a ver en la Misa de Santiago.

Ya lo ve, tenemos hermanos y hermanas caminando en este mundo que están perdidos. Están buscando. Piensan que están buscando la felicidad y prueban muchas cosas para intentar ser felices, pero ninguna de ellas tiene un impacto duradero. Estoy segura de que podríamos enumerar muchas cosas que intentamos para ser felices que no nos dieron el gozo eterno que Dios creó para nosotros. Una vez que encontramos lo que Dios nunca ha querido esconder de nosotros, El mismo, tenemos el gozo eterno. Ahora a esto es que Jesús nos llama a que compartamos el gozo eterno con los demás.

Cuando estaba intentando comprar una casa, mi hermano me recomendó irme a otro vecindario, ya que podía comprar una casa mucho más grande por menos dinero en comparación al vecindario en el que estaba mirando. Fui al vecindario recomendado, me ahorre $30,000 y termine con una casa de más de 300 pies cuadrados. Cuando sabemos que algo es bueno, lo queremos compartir con la gente que queremos. De la misma manera, sabemos que Dios es bueno, así que no veo por qué no compartirlo con la gente que queremos. La mayoría de nosotros compartimos nuestra fe con familia y amigos, pero recuerde que debemos amar al prójimo, ya que Cristo nos dice claramente que todo el mundo es el prójimo. Si amamos a Cristo, tenemos que amar a todo el mundo. Así que en ese contexto, sabemos que Dios es bueno, y tenemos que compartirlo con todo el mundo que conozcamos, ya que como verdaderos discípulos de Cristo, amamos a todo el mundo.

Escritura de Meditación: Lucas 10:1-2

Después de esto, el Señor eligió a otros setenta y dos discípulos y los envió de dos en dos, delante de él, a todas las ciudades y lugares adonde debía ir. Les dijo: "La cosecha es abundante, pero los obreros son pocos. Rueguen, pues, al dueño de la cosecha que envié obreros a su cosecha."

Reflexión:

¿Cómo estoy trabajando actualmente la cosecha de Dios?

¿Qué mas puedo hacer como trabajador de la cosecha?

¿Qué no me permite ser un trabajador de la cosecha?

En el mundo de hoy en día, noto una ansia por la verdad. Soy capaz de ver esto en personas de todas las edades y contextos. La cosecha es muy rica y los trabajadores pocos. La cosecha se está dando en este momento en nuestras casas, en el trabajo, en la escuela, en las tiendas, en los parques de atracciones, en los metros y en nuestras computadoras. Ser un trabajador de la cosecha se puede extrapolar a muchos aspectos, como ser un blogger, un pasajero en un avión, un compañero de trabajo, un profesor, un cliente, un estudiante o un perfil de una red social, pero cada uno de estos elementos tienen algo en común… son testigos del amor y de la gracia de Dios.

Lección 9:

Varios puntos a lo largo del Camino tienen marcas para contar los kilómetros, permitiendo que las personas conozcan la distancia hasta Santiago. Al principio, ochocientos kilómetros no parecen tanto, pero después de andar un par de días en la montaña, es fácil darse cuenta de la gran distancia que es. Un cartel en un pueblo anunciaba su vino a los peregrinos. Decía que la distancia era de solamente 576 kilómetros a Santiago, y me di cuenta que mi peregrinaje ya estaba por su primer cuarto. Lo que parecía tan lejano, se iba acercando poco a poco.

Eso me recordó mi veinticinco cumpleaños. Me di cuenta de que si iba a vivir cien años, ya había consumido un 25 porciento de mi vida. Por alguna razón, mi veinticinco cumpleaños fue algo difícil para mí, ya que aunque tenía éxito según los estándares de la sociedad para mi edad, todavía sentía que no había vivido mi vida al máximo.

Para traer el punto a casa sobre como disfrutar cada momento de la experiencia en el Camino, esa noche cené con una mujer de Holanda. Sus ojos brillaban, y durante la cena compartimos quienes éramos y el motivo por el cual andábamos, y entendí de donde saco ese brillo. Fue diagnosticada con cáncer y que la habían dicho que le quedaban seis meses de vida. Hacía ya tres años que se lo habían diagnosticado. Ella decidió vivir su vida al máximo en vez de esperar la muerte. Ella tenía que andar más despacio en lo que llamaba bromeando el "Camino lento", pero todavía así estaba disfrutando del tiempo que la quedaba y estaba viviendo su vida.

Muchas veces nos frustramos con nuestras vidas y las cartas que nos reparten, y no podemos reconocer el gozo de las situaciones o las experiencias en las cuales estamos. Estamos deseando terminar nuestras semanas laborales para disfrutar los fines de semana, y no apreciamos las semanas que se nos han regalado y todo lo que llevan.

Escritura de Meditación: Isaías 41:10

No temas, pues yo estoy contigo; no mires con desconfianza, pues yo soy tu Dios; yo te he dado fuerzas, he sido tu auxilio, y con mi diestra victoriosa te he sostenido.

Reflexión:

¿En qué momento de mi vida deseo que hubiese bajado el ritmo para disfrutar y apreciar el tiempo mejor?

¿Cómo puedo vivir más el día a día de mi vida?

Podemos pensar sobre el pasado, podemos planear nuestro futuro, pero nunca podemos dejar de vivir el presente. El momento que vivimos ahora determinará nuestro futuro. En este momento, Dios nos ha dado un regalo. Nuestro trabajo es darnos cuenta del regalo que se nos ha dado y disfrutar de la belleza que nos rodea y de la gente que nos rodea en nuestras tareas ordinarias y vida diaria. Cuando hacemos tareas ordinarias con amor, se convierten en extraordinarias.

Lección 10:

Dos hermanos con los que me encontré al principio del camino también estaban recorriendo el Camino por motivos religiosos. Me comentaron que habían pensado en tomarse el domingo como día libre. Pensé que este era un plan excelente, así que intenté coordinar mis horarios para pasar los domingos en los pueblos en un convento para poder participar en las laudes matutinas, adoraciones, vísperas nocturnas y asistir a Misa. El Camino está hecho para que los peregrinos se mantengan andando hasta Santiago, así que los peregrinos no pueden quedarse más de una noche en la mayoría de los sitios a no ser que estén lesionados o malos. Así que normalmente intentaba quedarme en un pueblo el sábado por la noche que estuviera a unos cinco kilómetros del pueblo en el que quería pasar mi domingo. Eso me permitía despertarme, andar y llegar a las laudes matutinas del convento. Solamente hubo un domingo en el que tuve que andar sobre unos veinte kilómetros para llegar a un pueblo con convento.

Dejé Cícero, España, y llegué a Santo Domingo justo cuando las laudes matutinas estaban comenzando. Después de ellas, desayuné en una cafetería y volví a la capilla de las monjas Cistercienses para rezar y asistir a Misa. Después de la misa pude echar un vistazo al monasterio de las Cistercienses, y me dieron la opción de quedarme un día más. Si hubiera sabido antes, me hubiese quedado allí el sábado y el domingo por la tarde con ellas en vez de el lugar en Cícero. En relación a esto tengo que decir que el sitio de Cícero fue el único que me dio un poco de miedo (como una película de horror), pero también fue el lugar donde pude tener esa conversación con el joven compañero peregrino alemán.

Así que después de Misa y lavar mi ropa (este pueblo también ofrecía lavadora y secadora), volví a la capilla para rezar. Las vísperas y adoraciones nocturnas eran al mismo tiempo y fueron increíbles. En esa capilla, Dios me habló a través de Su palabra. Me senté en la capilla en el primer banco, y recé ofreciéndole mi dolor a Dios. Durante la adoración, leí Lucas 12, y me llegó al corazón – no pude más que reírme de mí misma. Parte de mi experiencia del Camino consistió en hacerme más humilde. Siempre he tenido mucha confianza en mí misma (a veces demasiada), y ahí me encontraba con dolores físicos y andaba más lenta que el resto de la gente. Había compartido con los peregrinos, que en casa, la gente consideraba que estaba en buena forma física. Después de diez años de trabajo, todavía podía superar a mis estudiantes cuando hacíamos carreras con el kayak (aunque cada año era más difícil). Podía jugar deportes toda la noche en las convivencias con los adolescentes de mi iglesia. Y además justo cuatro meses antes en Nueva York, caminaba catorce horas al día, llevando las mochilas llenas de recuerdos para mis estudiantes. Pero en el Camino, ¡me vi superada! Mis piernas querían parar y por la noche en el albergue, lo hacían. Me dolía mucho la espalda y mis pies eran objeto de compasión del resto de peregrinos constantemente. Sí, una parte de mi experiencia y bendición en el Camino fue la humildad. No era la más rápida, otros me pasaban. No era capaz de llevar la mochila de otros peregrinos, y tuve que aceptarlo. Ahora, cuando lea Lucas 12, puede que entienda de dónde obtuve el concepto de humildad. Bueno, Lucas 12 es la historia de un hombre que tenia un tesoro para pasar el resto de su vida, pero que una noche murió (¿podemos decir que era el plan de vida de Kim?). Un pasaje posterior prosigue con esto: *"A quien mucho se le da, mucho se le pedirá."* Yo sé que estoy bendecida y que solamente al haber vivido la vida a través de la gracia de Dios, tengo todos los regalos que poseo. No he hecho nada para merecerlos y nunca lo haré. Es por eso que son regalos, no nos los ganamos, simplemente los recibimos.

Ser humildes no es nada malo. Sin embargo, en nuestra sociedad, cuando alguien nos humilla, parece que nos ha vencido y ser humillado parece ser negativo. La verdad es que cuando somos humildes, somos mejores estudiantes. Al vivir en nuestra propia arrogancia, podemos olvidar que todo viene de Dios y que todo le pertenece a Él. Terminamos viviendo la vida como un hombre rico que ha guardado un tesoro, en vez de vivirla como Job, quien sabía que Dios le había dado toda su riqueza y que le podía quitar en cualquier momento.

Un momento de humildad que reconozco es el de mi problema al hablar. Pasé seis años en terapia del habla , y todavía existen sonidos que no puedo oír correctamente, lo que significa que no los pronuncio bien. Siempre que doy una charla o soy la anfitriona de un evento, intento evitar las palabras que me dan problemas. Como portavoz soy capaz de conectar con la audiencia, y contando historias, los puedo mantener entretenidos mientras enseño. Cualquier portavoz le dirá que le encanta ver a una multitud con muchas ganas de conocer la información que tiene que dar, para que la gente pueda hacer cambios en sus vidas. Cuando hablo, la pasión me llena, pero solo toma un fallo y el comentario de una persona en la audiencia sobre un error en mi habla para humillarme. Esto puede ser frustrante para algunos, pero con toda la sinceridad, veo esta humillación como un regalo cuando estoy hablando. Ayuda a mantener mi ego y a mi en un balance.

De la misma manera me senté en la capilla de las monjas Cistercienses, yo estaba humillada y eso me ayudo a crecer espiritualmente. Aunque estaba humillada, también recibí la certeza por Dios, que quería que usara los regalos que me había dado.

Escritura de Meditación: Lucas 12:16-23; 27-28; 49

A continuación les propuso este ejemplo: "Había un hombre rico, al que sus campos le habían producido mucho. Pensaba: ¿Qué voy a hacer? No tengo donde guardar mis cosechas. Y se dijo: Hare lo siguiente: echare abajo mis graneros y construiré otros más grandes; allí amontonare todo mi trigo, todas mis reservas. Entonces yo conmigo hablare: Alma mía, tienes aquí muchas cosas guardadas para muchos años: descansa, come, bebe, pásalo bien." Pero Dios le dijo: "¡Pobre loco! Esta misma noche te van a reclamar tu alma. ¿Quién se quedara con lo que has preparado?" Esto vale para toda persona que amontona para sí misma en vez de acumular para Dios." Jesús dijo a sus discípulos: "No se atormenten por su vida con cuestiones de alimentos, ni por su cuerpo con cuestiones de ropa. Miren que la vida es más que el alimento y el cuerpo más que el vestido."

"Aprendan de los lirios del campo: no hilan ni tejen, pero yo les digo que ni Salomón, con todo su lujo, se pudo vestir como uno de ellos. Y si Dios da tan lindo vestido a la hierba

del campo, que hoy esta y mañana se echara al fuego, ¿Qué no hará por ustedes, gente de poca fe?"

"He venido a traer fuego a la tierra y ¡Cuánto desearía que ya estuviera ardiendo!"

Reflexión:

¿Doy por hecho todo lo que tengo? ¿Reconozco y creo verdaderamente que todo lo que tengo viene de manos de Dios?

¿De qué maneras he sido humillada en mi vida? ¿Cómo tome esa humillación?

¿Acepto que Dios me haga humilde para que me pueda usar de mejor maneras?

Abandoné la capilla y volví a las habitaciones, donde recé y di las gracias a Dios por compartir Su palabra conmigo. Incluso compartí la historia con mis compañeros de habitación esa noche. Durante el recorrido del día siguiente, pensé sobre mi tiempo de oración en la capilla. Mientras mis compañeros peregrinos me pasaban, reflexione en ser humilde y use eso para crecer espiritualmente. El profesor, para asegurarse que aprendí la lección, me envío una prueba visual que jamás podré olvidar: un hombre ciego sujetando la mano de un compañero peregrino que me adelantaba. Me quedé maravillada y pensé que entendía lo que Dios quería mostrar. Cuando conseguí sacar mi cámara para sacar una fotografía, los hombres ya no estaban a la vista. ¡Dios tiene sentido del humor!

Lección 11:

Desde mi primer día andando en el Camino, elegí agradecer a Dios por las bendiciones que me dio. Hubo muchas bendiciones, y cada día el tiempo me dio una oportunidad de agradecerlas. El clima cambiaba constantemente, y empezaba caminando en el calor con pantalones cortos y una camiseta, a ponerme la chaqueta de invierno y todavía sentir frio por el fuerte viento. Incluso así, con viento, calor y lluvia extrema, fui capaz de agradecer a Dios por sus bendiciones. Después de caminar por varios días en el calor, le agradecía a Dios por las nubes de lluvia, lo cual hacían que enfriara el clima. Cuando el frio era extremo, era fácil dar las gracias a Dios, ya que adormía el dolor de mis piernas y pies. De la misma manera cuando llovía, le daba las gracias a Dios por refrescarme y recordar mi promesa bautismal.

Muchos de nosotros somos culpables de ver el vaso medio vacío en vez de medio lleno. Cuando llueve durante el fin de semana, nos quejamos ya que no podemos ir a lago en vez de agradecer a Dios el llenar el lago con agua. Lo sé, a veces es difícil ver las cosas con una actitud positiva, pero es más difícil ver siempre las cosas con una actitud negativa. Las actitudes negativas nos estorban física y mentalmente. Por lo tanto, cuando tenemos actitudes positivas, nuestras vidas mentales y físicas mejoran. Cuando trabajaba en una universidad, ¡siempre entrenaba al personal en el FISH! Esta filosofía tiene cuatro principios. Para mí el más importante era el de "elegir tu actitud". El proceso de pensamiento es simple: no podemos elegir todo lo que va a pasar hoy. A diferencia de lo que un supervisor hace o un profesor hace asignando deberes, nosotros podemos elegir nuestra actitud en caso de que tengamos un accidente o recibamos malas noticias.

Cuando estaba en la universidad, los malos conductores que me bloqueaban me ponían de muy mal humor. No usaba las blasfemias, pero me enfadaban. Un día me di cuenta que las personas que me bloqueaban no le daban importancia a esto en su día, mientras que yo a veces me enfadaba y empezaba el día con mal pie. En ese momento decidí rezar para que esa persona fuese un conductor precavido y para que Dios le protegiera. En vez de enfadarme, este cambio de actitud me ha beneficiado tanto mental como físicamente. ¿Alguna vez se ha fijado en la gente que se enfada mientras conduce? Mueven sus manos de una manera inapropiada o agarran sus manos fuertemente al volante. Le garantizo que esas acciones llegan a sus corazones. Los científicos dicen que las personas que se enfadan más, tienen más probabilidades de tener un problema del corazón que las personas que viven relajadas.

Luego está el efecto dominó, nuestra actitud influirá en la actitud de las demás personas. Si vamos al trabajo con una mala actitud y siempre nos estamos quejando, la gente se unirá o se apartará de nosotros. En la universidad era un asistente residente (RA por sus siglas en inglés) y me encantaba mi trabajo. Las partes malas del trabajo creaban historias graciosas para contar, así que no me importaban. Siempre pensaba en lo positivo para neutralizar los aspectos negativos. Una de mis compañeras RA siempre se quejaba sobre el trabajo y me criticaba a mí, ya que me encantaba el trabajo. Así que un día la dije que debía dejar el trabajo. No quería estar cerca de ella y de su actitud negativa, ya que me encantaba mi trabajo. Al final no la echaron, pero sí que noté un cambio mejor en su actitud.

Así que recuerda, cada día elegimos nuestras actitudes y cómo responderemos. Parte de nuestras respuestas a Dios tienen que darle las gracias por las bendiciones que nos da. Mire a su alrededor de su vida y cuente toda las bendiciones que Dios le ha dado. Si me sentara y me pusiera a escribir las bendiciones en mi vida, llenaría un libro entero y estoy seguro de que usted también. Así que incluso cuando algo no parecesca una bendición, ¡le desafío a encontrar la bendición!

Escritura de Meditación: Salmo 100

¡Aclame al Señor la tierra entera, sirvan al Señor con alegría, lleguen a él, con cánticos de gozo! Sepan que el Señor es Dios, él nos hizo y nosotros somos suyos, su pueblo y el rebaño de su pradera. ¡Entren por sus puertas dando gracias, en sus atrios canten su alabanza! ¡Denle gracias y bendigan su nombre! "Si, el Señor es bueno, su amor dura por siempre, y su fidelidad por todas las edades".

Reflexión:

¿Cuántas veces al día doy gracias a Dios?

¿Cómo doy las gracias por las conversaciones, gente, lugares, regalos y cosas en mi vida?

¿Qué es lo que siempre me enfada, y cómo puedo cambiar la manera de verlo?

La práctica de dar gracias a Dios por nuestras bendiciones es algo en lo que hay que trabajar. En nuestra sociedad, muchas veces nos encontramos compitiendo con otros y no nos damos cuenta de todas las bendiciones que tenemos. Habitualmente los misioneros que sirven en países del tercer mundo vuelven impactados por los excesos que tenemos en nuestra cultura. Muchas veces no nos damos cuenta de la abundancia que tenemos al intentar conseguir más. Tómese tiempo hoy y todos los días para dar las gracias a Dios por todas las bendiciones que tiene en su vida, incluso cuando no parezcan bendiciones. Tome una actitud positiva para ver las bendiciones escondidas detrás de cada nube.

Lección 12:

Una de las personas que conocí era un peregrino de Holanda y era su día n°. 101 andando en el Camino. Al igual que los peregrinos de la edad medieval, empezó su camino hacia Santiago desde su casa. No fue el único peregrino europeo con el que me encontré que había comenzado su camino desde su casa, pero esto no es habitual hoy en día en el Camino. Cuando hablamos sobre los motivos por los cuales recorría el Camino, me dijo que necesitaba alejarse de su adicción. Se encontraba atrapado por los videojuegos y la pornografía, y sabía que necesitaba un cambio. Intentar cambiar esto en su casa había sido muy difícil, ya que las tentaciones estaban muy cerca de él. Así que decidió comenzar su peregrinaje hacia Santiago y pasar su tiempo durante el camino leyendo la Biblia.

Lo que mi amigo holandés había descubierto era algo que los oradores públicos muchas veces enseñan al hablar con la gente sobre cómo cambiar su vida. Muchas veces nos sentimos atrapados por rutinas, y esas rutinas se convierten en hábito. Dependiendo a que orador en liderazgo escuche hablar, le dirá que toma de entre veintiocho a cuarenta días para crear un nuevo hábito. Siempre me ha gustado lo de los cuarenta días, por su referencia bíblica.

El cambio es difícil. Muchas veces somos criaturas de costumbres y cuando tenemos que cambiar de trabajo, relaciones o incluso por Dios, lo encontramos desafiante. Para quitar los hábitos de nuestras vidas, primero tenemos que reconocerlos y querer cambiarlos. Luego tomamos decisiones conscientes y empezamos a eliminar esos hábitos de nuestras vidas. Normalmente eliminaremos tentaciones que nos lleven a los hábitos, que pueden ser cosas o personas. También ayuda el sustituir un mal hábito por uno nuevo y positivo. De esa forma, cuando tenemos ganas de volver a los viejos y malos hábitos, los reconocemos y centramos nuestra atención en los nuevos hábitos.

Al andar por el Camino, eliminó el fácil acceso que tenía a su computadora portátil en casa, lo que le había permitido ver pornografía. Eligió hacer un peregrinaje espiritual, lo que limitaría su exposición a imágenes sexuales en Internet y programas de televisión. También se dio cuenta de que pasaba mucho tiempo improductivo jugando a videojuegos, así que también eliminó su acceso a ellos. Para reemplazar el tiempo que pasaba antes haciendo esas actividades, empezó andando unas doce horas al día. Cuando su cuerpo estaba físicamente exhausto, dejaba de andar y buscaba alojamiento para leer la Biblia. Lo que me gusta del hecho de que empezara a leer la Biblia (antes no era un hombre religioso) fue que encontró consuelo y fuerza mediante las palabras de nuestro Señor. Cuando realmente queremos cambiar nuestras vidas y malos hábitos, no hay nada mejor que preguntarle a Dios y pedirle Su ayuda.

Todos los cristianos estarán de acuerdo en que la pornografía es mala en cualquier cantidad, y una persona debería esforzarse por eliminar esa adicción de su vida. Pero el hábito de jugar a videojuegos no está tan claro. El factor clave a considerar es que no todos los videojuegos son malos, pero si pasamos mucho tiempo jugando a ellos, malgastamos la vida que Dios nos ha dado.

Escritura de Mediación: Marco 9:42-48

"El que haga caer a uno de estos pequeños que creen en mí, sería mejor para el que le ataran al cuello una gran piedra de moler y lo echaran al mar. Si tu mano te está haciendo caer, córtatela; pues es mejor para ti entrar con una sola mano en la vida que ir con las dos a la gehena, al fuego que no se apaga. Y si tu pie te está haciendo caer, córtatelo; pues es mejor para ti entrar cojo en la vida que ser arrojado con los dos pies a la gehena. Y si tu ojo prepara tu caída, sácatelo; pues es mejor para ti entrar con un solo ojo en el Reino de Dios que ser arrojado con los dos al infierno, donde su gusano no muere y el fuego no se apaga."

Reflexión:

¿Existe algún sitio, cosa o persona en mi vida que me está causando un mal hábito?

¿Qué es lo que estoy dispuesto a hacer para eliminar este hábito?

¿Qué nuevo y hábito positivo quiero en mi vida y cómo puedo implementarlo?

Solamente Cristo es perfecto, y los demás nos esforzamos por imitarlo, por eso tenemos que crear buenos hábitos que sustituyan a los negativos. Somos una creación de Dios, y al igual que nuestros cuerpos físicos, nuestros cuerpos interiores y espiritualidad están cambiando constantemente de forma. Asegúrese de pasar más tiempo trabajando en los hábitos que impactan en su alma, ya que los hábitos opuestos impactan en su imagen física. La gente hace grandes esfuerzos para poner su cuerpo en forma, pero raramente hacen el mismo esfuerzo para mejorar su alma. La mayoría de la gente pasa más tiempo en los gimnasios y salones de belleza o eligiendo ropa que leyendo la Biblia o rezando. Génesis 3:19 nos dice, *"Porque eres polvo y al polvo volverás."* Nuestros cuerpos físicos serán enterrados y se pudrirán, mientras que nuestras almas espirituales vivirán toda la eternidad.

Lección 13:

Después de un día de mucho caminar, llegué a un pequeño pueblo donde una pareja había abierto las puertas de su casa a los peregrinos. Tenían una habitación que acogía a ocho peregrinos. Michelle y Félix tienen una pasión por el Camino, y el Camino es su vida y sacerdocio. Michelle es francesa y Félix es español. Se conocieron hace unos años cuando recorrieron el Camino. Cuando me senté en su vestíbulo mientras Michelle registraba mi información, eché un vistazo a las paredes viendo todas sus baratijas del Camino y sus certificados de Compostela. Félix es quien cuenta las historias de la pareja, y aunque no puede hablar inglés, se le veía tan animado cuando hablaba en español que podía entender una buena cantidad de lo que compartía. Ellos dos habían caminado el Camino juntos o separados en veintiséis ocasiones. Son peregrinos religiosos que ven el Camino como una experiencia religiosa, y se esfuerzan por compartir el significado verdadero del Camino con sus compañeros peregrinos.

Cuando llegó la hora para la cena, nos juntamos todos alrededor de la mesa y Michelle hizo la oración de agradecimiento, haciéndonos sentir como invitados en vez de visitantes. Además Michelle sabía que no me gustaban los huevos, así que me hizo una cena especial, ya que el plato principal para el resto de peregrinos eran huevos. Después de la cena, Félix me contó algunas historias sobre el Camino, cantamos canciones en español y llegó la hora de ir a dormir. Michelle me pidió que fuera al vestíbulo para echar un vistazo a mis pies, ya que se había percatado de mi cojera. Mis pies estaban severamente dañados con ampollas, pero la de mi talón era la que más daño me hacía. Me senté en una silla y Michelle se sentó enfrente de mí. Agarró mis pies con sus manos, los lavó y examinó el método de mi tratamiento. Para las ampollas tenía que usar la técnica de la aguja y el hilo para sacarles el líquido poco a poco, pero tenía miedo de una infección, así que me cambiaba el hilo constantemente. Michelle me dijo que el hilo era demasiado pequeño, así que lo cambió y usó un desinfectante especial para secar las ampollas, y luego uso papel de baño para crear un acolchado para mi pie.

Fue en ese momento, en que una completa extraña estaba cuidando mi pie, cuando entendí de corazón, por primera vez, el verdadero acto de compasión que Verónica le ofreció a nuestro Señor en su calvario, y cómo estamos llamados a querer al prójimo si amamos a Cristo. Una completa extraña vio mi dolor y me ayudó como si de Cristo se tratara. Michelle no ganaba nada a cambio. La verdad es que no creo que nos volvamos a ver de nuevo, pero compartió el amor por Cristo conmigo. En mi vida me he parado muchas veces para ayudar a la gente. Siempre he sido una cristiana servicial, pero me pregunto si alguna vez tuve compasión verdadera, la compasión que Michelle me ofreció. ¿He ayudado alguna vez a alguien y le he hecho sentir el amor como si estuviera ayudando a Jesucristo?

Para Michelle pudo ser un simple acto, ver a un peregrino con dolor y ofrecerle su alivio compasivo, pero para mí fue el mayor acto de amor que haya vivido a manos de un extraño. La siguiente mañana después del desayuno, abracé a Michelle y Félix, les dije adiós, me puse mi mochila y salí de su casa. Estaba oscuro y me siguieron hasta la puerta y se quedaron en la calle diciéndome adiós. Fue como si mis propios padres me estuviesen diciendo adiós, incluso me quedé un poco impactada. Quería recordarles para siempre, así que saqué una fotografía, pero al estar oscuro afuera, la fotografía no salió. Mientras escribo este capítulo, todavía puedo ver a Félix con sus manos en el aire, contando una historia. Y veo a Michelle sentada en una silla con mis pies sobre su regazo.

Escritura de Meditación: Mateo 25:34-40

"Entonces el Rey dirá a los que están a su derecha: 'Vengan, benditos de mi Padre, y tomen posesión del reino que ha sido preparado para ustedes desde el principio del mundo. Porque tuve hambre y ustedes me dieron de comer; tuve sed y ustedes me dieron de beber. Fui forastero y ustedes me recibieron en su casa. Anduve sin ropas y me vistieron. Estuve enfermo y fueron a visitarme. Estuve en la cárcel y me fueron a ver.' Entonces los justos dirán: 'Señor, ¿Cuándo te vimos hambriento y te dimos de comer, o sediento y te dimos de beber? ¿Cuándo te vimos forastero y te recibimos, o sin ropa y te vestimos? ¿Cuándo te

vimos enfermo o en la cárcel y fuimos a verte?' El Rey responderá: 'En verdad les digo que, cuando lo hicieron con alguno de los más pequeños de estos mis hermanos, me lo hicieron a mí.'"

Reflexión:

¿Cuándo me ha servido alguien como si estuviera sirviendo a Jesús?

¿Cómo puedo mostrar compasión a los demás en mi vida diaria?

Como cristiano me esfuerzo en ver a Jesucristo en todo el mundo que conozco, pero sé que esto es lo que Cristo quiere que hagamos como cristianos. Teológicamente sé que todo el mundo está hecho a la imagen y semejanza de Dios, pero todavía me cuesta conectar mi corazón con mi cerebro. Les pido que recen para que pueda ser un mejor discípulo de Jesucristo y servir a todo el mundo al igual que si estuviera sirviendo al propio Jesús. Mis oraciones también van para todos ustedes que están leyendo este libro. Si también tienen problemas con esto, intenten ver a Jesucristo en todo lo que hacen.

Capítulo 14:

Michelle me recomendó varios lugares a lo largo del Camino que tienen una importancia histórica, y me animó a vivir la verdadera experiencia peregrina. Nos dijo que fuéramos por las ruinas de San Antón, ya que durante cientos de años han sido el hogar de una iglesia, convento y hospital, que han cuidado de los peregrinos. Aunque los edificios están en ruinas, los peregrinos todavía pueden pasar la noche, lo que es toda una experiencia, aunque no haya electricidad ni agua caliente. Aunque yo estaba fascinada con Michelle, no tenía planes de quedarme allí, ya que quería electricidad y una ducha de agua caliente. Sin embargo, en la distancia, vi las enormes ruinas de una vieja iglesia, y quise explorar el lugar que estaba en medio de la nada. Cuando entre en los terrenos para echar un vistazo, me di cuenta de que eran las de San Antón y supe que era allí donde quería pasar la noche.

Las paredes de la estructura son las originales, y las paredes de dentro de la iglesia son un pequeño refugio para los peregrinos. Entré y grité mi saludo español habitual, "¡Buenas Tardes, Señor!", a lo que el señor respondió en un español muy rápido. Enseguida se dio cuenta de que no hablaba bien el español, y yo me di cuenta de que él no hablaba inglés. Estaba esperando a que me sellara mis credenciales y a que me enseñara mi cama, pero parecía dudar mientras continuaba comiendo su almuerzo. Entonces dije, "Michelle y Félix me lo recomendaron," lo que sí entendió. Repitió sus nombres y fue muy agradable, invitándome a sentar y preguntando si quería algo de su sopa o kiwi. Luego se levantó y me enseñó mi cama. Intentamos comunicarnos en español y después se marchó.

Aproximadamente una hora después, una pareja de ingleses que había conocido en mi segundo día, llegó a las ruinas para echar un vistazo. Cuando entraron me vieron sentada en la mesa, preguntaron si había alguien más allí y les dije lo que pensé que el hombre me había dicho (si es que había entendido su español).

"Se ha ido a tomar una siesta. Si otros vienen, yo les tengo que enseñar sus camas. La cena es a las 7:00 p.m. Pueda que el regrese a cocinar, o yo tendré que cocinar la cena. Estoy a cargo como el hospitalero."

La pareja sabía que mi español no era muy bueno, pero pensaron que era una muy buena aventura como para dejarla pasar, así que decidieron quedarse. Intentamos venderles las ruinas a todos los peregrinos que vinieron, y algunos estaban muy interesados, ya que el lugar tenía casi mil años de historia, pero cuando mencionábamos que no había electricidad o agua caliente, se marchaban.

Preparamos nuestras camas y sabíamos que se iba hacer de noche enseguida. Decidimos evitar un baño de agua fría, ya que estaba demasiada fría. Nos sentamos en la mesa para beber té caliente mientras caía la noche. Antes de las 7:00 p.m. el hombre volvió y se sorprendió de que fuéramos tres. La mujer podía hablar español, así que hizo de traductora entre el hombre y nosotros el resto de la noche. Todos ayudamos a preparar la cena, y después de comer, encendimos las linternas y el hombre tocó la guitarra. Llegó la hora de ir a la cama, así que el hombre se fue y dijo que nos cerraría la puerta. Quería que esperáramos a que volviera a la mañana siguiente para asegurarse de que los edificios estarían seguros.

Creo que esta historia se resume respondiendo a la voluntad de Dios. Paso mucho tiempo rezando, preguntando a Dios cual es su voluntad, y queriendo tener el conocimiento y la fuerza para llevar a cabo su voluntad. Aun así, nunca he oído la voz de Dios. Usualmente, siento un pálpito en mi interior, o de vez en cuando, una palabra o frase viene a mi del mismo lugar. No estoy segura a donde me llevan los pálpitos dentro de mí, pero confío en Dios y tengo fe en Él para que el Espíritu Santo me guíe y empiece a hacer lo que Él me pida que haga. De la misma manera, no estoy segura de lo que el hombre me dijo antes de marcharse, pero empecé a hacer lo que pensaba que me dijo que hiciese y saludé a los peregrinos que llegaban al lugar. Cuando volvió (gracias a nuestra traductora), descubrimos que lo que había escuchado era correcto. De la misma manera, Dios nos guía a través del Espíritu Santo, y si nos salimos del camino, nos avisa para que volvamos. Además, de la misma manera en la que teníamos un traductor, a veces Dios elige usar traductores para nuestras vidas espirituales y envía a la gente a decirnos algo que nosotros inmediatamente reconocemos como la verdad de Dios.

Escritura de Mediación: Juan 21:4-7

Al amanecer, Jesús estaba parado en la orilla, pero los discípulos no sabían que era él. Jesús les dijo: Muchachos, ¿tienen algo que comer?" Le contestaron: "Nada." Entonces Jesús les dijo: "Echen la red a la derecha y encontraran pesca." Echaron la red, y no tenían fuerzas para recogerla por la gran cantidad de peces. El discípulo al que Jesús amaba dijo a Simón Pedro: "es el señor."

Reflexión:

¿Cuándo usó Dios un traductor en mi vida para enseñarme la verdad?

¿Escucho y luego actúo en la dirección que Dios me está guiando? ¿Cuándo no he escuchado?

¿Cuándo me llevé una grata sorpresa al seguir la voluntad de Dios?

Aunque fue la noche más fría del Camino, fue mi mejor noche de sueño. Los tres usamos todas las sabanas del resto de camas, ya que no había más peregrinos con nosotros. Las sabanas eran gruesas, del estilo militar, y las seis que usé me cubrían de la cabeza al dedo gordo del pie. El peso de las sabanas hacía que fuera muy difícil moverse en la cama. Pero entre nosotros tres, tuvimos una noche libre de ronquidos (la primera del Camino) y me mantuve caliente y dormí durante toda la noche (otra primera vez en el Camino). Así que al decidir quedarme en ese sitio mientras los demás peregrinos pasaban de largo, tuve la mejor noche de sueño, al igual que cuando elegimos que Dios esté sobre todos nosotros, encontramos la paz.

Lección 15:

Siempre supe que vivir en los Estados Unidos era una bendición y que daba muchas cosas por hecho, como la típica americana. En nuestra cultura lo que consideramos ser pobre, es ser rico en muchos otros países. También soy consciente de que criarme en el hogar que lo hice fue una bendición, y nunca he pasado hambre por falta de comida. Pero durante mi tiempo en el Camino, empecé a apreciar todo lo que tenía. El pasar de una casa de dos mil pies cuadrados a una mochila de veintisiete libras era un cambio drástico. La mayor parte, pasé por pequeños pueblos durante el Camino, y me di cuenta de que esas comunidades rurales no tenían esas cosas que yo daba por hecho. En el viaje, me di cuenta de todas las cosas que tenía y que nunca se las había agradecido a Dios, ya que eran normales para mí. Algo increíble era que no echaba de menos esas cosas que antes daba por hecho. Lo que hice fue darle las gracias a Dios por lo que me ha dado. Mi actitud era la "del vaso medio lleno," y le agradecí a Dios por haberme dado tanta agua para beber.

Siempre había dado muchas cosas por hecho: el aire acondicionado, la calefacción, las persianas, las bañeras, el agua caliente, la electricidad, las lavadoras y secadoras, baños, papel del baño, las hamburguesas Americanas, Dr. Pepper[1], el agua de grifo limpia, el gel de baño, tener más de dos pares de calcetines y otras muchas comodidades. Estas son cosas sobre las que nunca antes había pensado. Cada vez que encendía las luces de mi casa, nunca me paraba a darle las gracias a Dios por el regalo que me había dado. No, simplemente encendía la luz (esperando que funcionase) y seguía con mi día. Pero después de alojarme en un sitio sin electricidad, me di cuenta del regalo que era ese interruptor de la luz.

En los días de calor dormíamos con la ventana abierta, ya que no había aire acondicionado en ninguno de los sitios donde nos quedamos. Muchas veces

[1] N.T.: Dr. Pepper es una bebida carbonatada de sabor único muy común en los Estados Unidos.

entraban los bichos por la ventana, pues éstas no tenían mosquiteros. En esos días de calor daba las gracias por el tiempo, ya que secaría mi ropa durante la noche. Cuando el tiempo era frío y no había calefacción, utilizaba toda la ropa que tenía para no helarme por la noche. En las noches más frías, no estaba enfadada debido a que el frio me mantenía despierta, le daba las gracias a Dios por estar bajo techo, incluso si el edificio estaba un poco ventilado. La mayoría de los pueblos no tenían lavadora, ni mucho menos secadora. Era un día especial cuando conseguía lavar mis ropas en una lavadora real (cuatro veces en los cuarenta días). Así que al llegar al albergue por las tardes, me duchaba y colgaba mi ropa para que empezara a secarse. Solamente llevé dos pares de cada pieza de ropa, así que era importante secar mi ropa por la noche, de lo contrario la ropa mojada colgaría de mi mochila mientras andaba. Así que cada tarde me ponía en el lavamanos para lavar mi ropa con jabón y la fuerza de mi brazo. Cuando lo hacía, daba las gracias a Dios por tener un lavamanos y no tener que lavar mi ropa en el río.

Aunque tenía menos en el Camino, sentía que tenía mucho más. Con un corazón lleno de alegría estaba agradecida por lo que tenía y por lo que Dios me había dado. En algunas denominaciones cristianas, el mensaje de prosperidad se ha hecho popular. Muchas veces queremos que la religión se adecúe a nosotros en lugar de nosotros adecuarnos a ella, y es entonces cuando empezamos a cambiar la religión de lo que Dios quiso que fuera. Personalmente, no creo en el mensaje de prosperidad que dice que Dios quiere que sea rica y de que si confío en Dios, me ayudará económicamente. Si miramos a la iglesia que Jesús comenzó con sus apóstoles, vemos que nunca prometió ningún tipo de riqueza. Al contrario, muchos dieron sus fortunas para servirle. Su gente no llevaba vida glamurosa como la de los reyes. Fueron maltratados y todos los apóstoles fueron asesinados a excepción de Juan (aunque intentaron matarle). Aun así sabemos que los apóstoles eran felices y murieron con alegría, desde el primer mártir, San Esteban hasta los mártires más recientes. Esos hombres sagrados y mujeres sagradas tenían una confianza completa en el Buen Pastor, ya que pensaban que les llevaría al reino eterno. Tenían gratitud por todo lo que el Señor había hecho por ellos y dieron las gracias por poder morir como mártires de nuestro Señor.

En el Camino, daba gracias por todo. Tener menos me hizo ser más agradecido por la abundancia que tenía antes, pero también por las pocas cosas que tengo ahora. Me hizo conectar con todas las personas de este mundo que no tienen agua limpia, duchas de agua caliente, y electricidad. Aunque cada una de estas pequeñas inconveniencias fueron solamente temporales para mí, me hicieron apreciar lo que tenía.

Escritura de Meditación: 1 Tesalonicenses 5:16-18

Estén siempre alegres, oren sin cesar y den gracias a Dios en todo ocasión; esta es, por voluntad de Dios, su vocación de cristianos.

Reflexión:

¿Cada cuánto agradezco a Dios por las bendiciones que me ha dado?

¿Cuándo tiendo a dar más las gracias a Dios por Sus muchos regalos?

¿Cuándo tiendo a dar menos las gracias a Dios por Sus regalos? ¿De qué me tendría que hacer sentir agradecido ahora mismo?

Cuando empezamos a seguir a Jesús, el Jesús de la Biblia, somos capaces de ver la alegría en todo, y queremos rezar constantemente a nuestro Señor. ¿Qué ha usado hoy que lo ha dado por hecho? Nada de lo que tengo es mío. Dios me lo da todo y se lo puede llevar cuando quiera, por lo tanto soy un administrador del Señor. Cuando empiezo a pensar que nada es mío, me siento agradecido por lo que Dios me presta. Si su coche se ha averiado, y un amigo le presta el suyo, entiende el aprecio que le tiene al coche. ¿Sabe qué? Dios es ese amigo, ¡y le ha prestado todo en su vida!

Lección 16:

Una de las muchas bendiciones que encontré en el Camino fue la gente que conocí y cómo formé una familia con los peregrinos. Cada uno en el camino se movía a su propio ritmo, así que nunca sabía cuándo sería la última vez que me encontraría con uno de ellos de nuevo. Una vez que me tomé los domingos libres y empecé a caminar más despacio debido a mis lesiones, dejé de ver a la misma gente todas las noches en el albergue o cenando. Al principio me di cuenta de que extrañaba esa gente. Después de todo eran las primeras personas con las que había compartido las experiencias del Camino. Pero al separarme me di cuenta de que mi relación con Dios era más profunda, y conocí a otros muchos peregrinos que nunca hubiese conocido de haber estado todo el tiempo con la misma gente.

Pero, al igual que en una reunión familiar, me encanta reunirme con los miembros familiares con los que he perdido el contacto, y lo mismo ocurre en el Camino. Después de andar durante unos diez días sin encontrarme con los demás peregrinos que había encontrado al principio de mi viaje, una mañana me sorprendí al llegar a la cima de una montana muy inclinada y encontrarme a "la madre."

La madre estaba recorriendo el Camino con sus dos hijas adultas, y me había encontrado con cada una de ellas por separado durante los dos primeros días de mi viaje. Las tres mujeres eran muy agradables y era muy fácil hablar con ellas. Tuvo una breve conversación en mi primer día con la hija mayor en Orisson, Francia, donde nos habíamos refugiado de la lluvia y disfrutado de una bebida caliente, ya que desde la mañana había mucha humedad y frío. Esa noche en el albergue tuve una conversación a través de la pared de la ducha con su hermana más joven, e irónicamente, durante la noche siguiente, también hablaríamos a través de la pared de la ducha antes de vernos cara a cara. Durante la segunda noche, me senté en el jardín de nuestro albergue y hablé con la madre. Las vi los primeros días, pero no me acuerdo de haberlas visto después de Pamplona.

Así que puede imaginar mi sorpresa cuando tantos días después, me las encontré al llegar a la cima de la montaña. Durante el resto del día, iba pasando de una a otra y teníamos conversaciones sobre todos los aspectos de la vida. Era el cumpleaños de la hermana menor y me invitaron a cenar con ellas para celebrarlo. Después de llegar al pueblo e instalarnos, fui a buscar la iglesia (muchas veces el menú del peregrino y la Misa coincidían). Tenía mi corazón dividido, ya que era agradable encontrarse con caras familiares de nuevo. Durante las dos semanas anteriores, mi lesión no me había dejado andar mucho cada día, así que raramente veía los mismos peregrinos dos días seguidos, por lo que todas mis relaciones habían sido cortas. Pero ahora tenía oportunidad de compartir una cena y una noche de risas con amigas.

Mientras iba hacia Misa, pensé que era gracioso que incluso de peregrinaje espiritual tuviera mi corazón dividido entre placeres terrenales y celestiales. Una cosa que he descubierto es que asistir a Misa y ser alimentada por Jesús es más satisfactorio y duradero que cualquier otra cosa que haya conocido, pero aun así, sentía la tentación.

Escritura de Meditación: 1 Corintios 10:13

De hecho, ustedes todavía no han sufrido más que pruebas muy ordinarias. Pero Dios es fiel y no permitirá que sean tentados por encima de sus fuerzas. En el momento de la tentación les dará fuerza para superarla.

Reflexión:

¿He sentido una pelea entre los placeres terrenales y los celestiales? ¿Cuál seleccioné?

¿Cuándo he sido forzado por encima de mis límites pero Dios me ha dado fuerzas para superarlo? ¿Cómo me sentí después de superar la prueba?

No pienso que nuestras vidas estén basadas en grandes decisiones, sino en las pequeñas decisiones que tomamos a cada minuto a diario. Sí, las grandes decisiones pueden impactar drásticamente en nuestras vidas, pero estas grandes decisiones vienen normalmente aparejadas a otras muchas pequeñas decisiones que han ayudado a formarlas. El dejar mi puesto de directora en la universidad, después de haber estado allí diez años para confiar en Dios y descubrir su voluntad para mi vida, fue una gran decisión con mucho impacto. Pero antes de tomar la decisión, tomé cientos de pequeñas decisiones. El verso de la Biblia de arriba me alivia, ya que sé que Dios nunca me dará más de lo que puedo manejar, y siempre me dará la gracia que necesite para la prueba.

Lección 17:

En Carrión de los Condes, cuando me alojaba en el Monasterio de Santa Clara, tuve la suerte de ser bendecida con estar allí un domingo para participar en la Adoración y en la Liturgia de las Horas. Las monjas, después de haber cantado las vísperas nocturnas, estaban muy calladas, centrándose simplemente en la Eucaristía de Jesús. En la quietud y silencio de esa iglesia me refugié en la Biblia para escuchar las palabras que Dios había elegido para mí.

Mientras leía mi Biblia, el verso *"él crezca y que yo disminuya"*, me impactó mucho. Mi primer pensamiento fue, "¿Cómo puede Él incrementar y yo disminuir? Sé que hablo mucho y que muchas de mis conversaciones son sobre mí, y utilizo historias para acaparar la atención de las personas, pero eso centra mucho la atención en mí. Pensé en cómo podía centrar todas mis conversaciones en Dios, en cómo podía permitirle incrementar dentro de mí para hacer que yo misma me disminuyera. Parte de esto también me llevó a pensar que tengo que permitir que la bondad de Cristo reluzca de mí.

Escritura de Meditación: Juan 3:30

"¡El crezca y que yo disminuya!"

Reflexión:

¿De qué manera tengo que disminuir para permitir que Cristo crezca en mi vida?

¿Cómo puedo permitir que la luz de Cristo brille a través de mí?

El saber que todo lo bueno que me pasa viene de manos de Dios, crea un deseo de permitir que Dios esté todavía más presente en mi vida, mis palabras y mis acciones. El permitir a Dios que su presencia se incremente en mi vida me permitirá convertirme en la persona que Dios quiere que sea.

Lección 18

Mucha gente recorre el Camino con compañía. Muchas veces han llegado juntos, pero durante el sendero se encuentran con alguien o un grupo que camina más o menos la misma distancia a diario y empiezan a caminar juntos. Algunos grupos estaban incluso recorriendo el Camino juntos, como el grupo de una iglesia italiana que tenía unas treinta personas o la familia española de doce personas (tres generaciones). Vi amigos andando juntos, y a madres/hijas, padres/hijos, abuelas/abuelos y hermanos/hermanas. Pero mis favoritos eran las parejas casadas andando juntos.

Todo el contexto de un matrimonio se basa en que el marido y la mujer crecerán juntos, a la vez que estrecharán su relación con Dios. Una noche en el albergue cené con una pareja de recién casados alemana que estaban recorriendo el Camino durante su luna de miel. Estaban llenos de fe, y el Camino siempre había sido algo que el marido había querido hacer. La mujer sabía que era el sueño de su marido, así que se había convertido en su sueño también. El marido sabía todo sobre el Camino. Había memorizado cada pueblo y la distancia entre ellos. Les encantaba andar por el Camino, pero también querían descubrir la experiencia de vivir su luna de miel. Por lo tanto, habían decidido contratar alojamiento privado en vez de las literas tanto como fuera posible. Además el marido llevaba todas las provisiones, mientras que la mujer solamente llevaba una pequeña mochila.

La experiencia del Camino les dio al marido y la mujer una oportunidad que muchas parejas nunca podrán experimentar, el don total de ellos mismos y sus tiempos. Hoy en día tenemos muchas obligaciones y muchas veces no podemos pasar el tiempo que nos gustaría con nuestros cónyuges. De la misma manera, permitimos que las distracciones y el ruido nos alejen de Dios. El ruido y las distracciones también nos separan de la gente que más importa. Nuestra cultura ha tenido un aumento en el número de niños que crecen fuera del matrimonio, al igual que ha pasado con los divorcios, ya que como una sociedad, hemos fallado en dar el regalo total de si mismo y nuestro tiempo. Si quisiera dar el regalo total de si mismo, eso incluiría no tener sexo antes del matrimonio, lo que reduciría el número de madres solteras. Si quisiera dar el regalo del tiempo, crecería con la persona que se ha casado en vez de crecer a parte, lo que reduciría el número de divorcios. Todos tenemos un pasado, y a veces no hemos cumplido con la vida que Dios nos ha pedido que vivamos. Todavía hay esperanza; ya que tenemos un Dios amoroso, un Dios que mandó a su único Hijo a morir por nosotros, para que seamos perdonados y reunidos con Él para siempre. Empiece hoy haciendo que Dios sea el centro de su vida, y si está casado, el centro de su matrimonio.

Escritura de Meditación: Génesis 2: 24

"Por eso el hombre deja a su padre y a su madre para unirse a su mujer, y pasan a ser una sola carne."

Reflexión:

¿Doy todo de mí en mi matrimonio sin permitir que las distracciones quiten la atención de mi cónyuge? Si no estoy casado, ¿cómo haría para evitar que las distracciones me quiten la atención de mi cónyuge?

¿Tiene Dios su sitio en mis relaciones con otras personas?

Si estoy casado, ¿de qué maneras puedo permitir que Dios sea el centro de mi matrimonio? Si no estoy casado, ¿cómo puedo permitir que Dios sea el centro de mi vida?

No estoy casada, pero no tengo que estarlo para saber que el matrimonio requiere esfuerzo. Esta joven pareja se dieron totalmente el uno al otro e hicieron el peregrinaje juntos para crecer juntos y más cerca de Dios. También me encontré con una maravillosa pareja más adulta española en el sendero, e iban agarrados de la mano, mientras que con su mano libre sujetaban sus bastones para caminar. Esté casado o no, la lección es que tiene que dar todo de sí mismo en sus relaciones, y asegurarse de que Dios sea parte de todas las relaciones que tenga.

Lección 19:

Un día cuando llegué a un pueblo, empecé a buscar el monasterio benedictino para pasar la noche. Paré a un caballero en la calle para preguntarle. Me respondió en español, pero entendí la idea general que me estaba comentando. Antes de separarnos, me mostró un llavero de Santiago y me comentó que había recorrido el Camino antes. Luego me pidió que rezara por él y su ojo cuando llegará a Santiago. Me enseño su ojo casi cerrado y pude ver que tenía una infección. Le dije al hombre que rezaría por él y nos separamos.

Mientras andaba y rezaba por el caballero, pensé en el regalo del alivio que dan las personas mediante la oración. Pero sabemos que estas oraciones no están limitadas a aquellos que nos rodean en la tierra.

Como cristianos, creemos que después de esta vida, pasaremos nuestras eternidades en el cielo o el infierno y que nuestras vidas espirituales vivirán para siempre. Sí, nuestros cuerpos volverán a ser el polvo desde el cual Dios nos creó, pero nuestras almas durarán para siempre. Al creer en esta vida después de la muerte, no estamos limitados a rezar solamente por aquellos a los que podemos ver, también podemos rezar por aquellos que se han ido antes que nosotros. Nuestros familiares, amigos, y hombres y mujeres sagradas por Dios, quienes están rezando en el cielo por nosotros. El término de oración de intercesión significa que pedimos que otros recen a Dios por nosotros. El hombre no me rezó para pedirme que lo curara, me pidió que rezara a Dios para que se curara. De la misma manera, pido a aquellos en el cielo que recen por mí. Cuando pedimos oraciones de nuestra familia y amigos, normalmente siempre lo hacemos con aquellos que parecen tener una estrecha relación con Dios. ¿Ha ido alguna vez a un bar que está cerrando y buscado un borracho para pedirle que rece por usted? No, estoy segura de que usted ha ido a una iglesia y ha visto a alguien rezar y le ha pedido que rece por usted o por un miembro de su familia. Lo mismo pasa con aquellos en el cielo, buscamos oración de aquellos que estén cercanos a Dios. Muchos de estos hombres y mujeres sagradas han sido nombrados santos por sus estilos de vida, pero por supuesto que hay muchos hombres y mujeres sagrados en el cielo que no son llamados santos. Pero aun así pido por sus oraciones.

Una de las mayores malentendidos sobre Católicos es que rezamos a los santos. La gente ve estatuas, estampitas y reliquias de estos santos en las iglesias católicas y en las casas de los católicos practicantes, y automáticamente piensan que es una adoración de ídolos. Bueno, si tener la imagen de alguien que quieres, respetas y consideras que es un ídolo para rezar, le reto a entrar en una casa de Estados Unidos y no encontrar fotografías de familiares y amigos. ¿Por qué la gente tiene fotografías de la familia en las mesitas de noche? ¿Por qué tienen el trabajo de arte de sus hijos en la nevera? La gente guarda fotografías y el primer diente de los niños debido a que quieren a esa persona y quieren tenerla cerca recordando los momentos importantes. Lo mismo pasa con las imágenes de los santos, les queremos y deseamos tenerles cerca, ya que nos recuerdan momentos importantes de sus vidas.

En nuestras relaciones en la tierra, nos sentimos atraídos por ciertas personas basadas en sus características, de igual forma que nos pasa con los santos del cielo. Muchos amigos terrenales me han aliviado cuando he tenido un mal momento, y lo mismo han hecho mis amigos del cielo ofreciéndome consuelo. Mi peregrinaje original iba a consistir en ir a Lisieux para seguir los pasos de Santa Teresa, la Pequeña Flor. Enseguida el peregrinaje se extendió a lo largo de tres países, visitando en ellos muchos lugares religiosos, que incluyeron los siguientes santos: Catherine Laboure de la Medalla Milagrosa, María (la madre de Jesús), Teresa de Lisieux, Miguel Arcángel, Bernadette de Lourdes, Santiago Apóstol, Santa Teresa de Ávila, y San Juan de la Cruz. Además visité muchos lugares sagrados donde habían ocurrido apariciones, vi reliquias de la pasión del Señor y vi otras muchas que no pertenecían a santos sin nombre. Emprendí un peregrinaje religioso para descubrir cosas sobre los hermanos y hermanas anteriores a mí, de la misma manera que he estado en casas donde miembros de mi familia vivieron antes de que yo naciera. Cuando mi bisabuela murió, mi familia viajó desde Indiana hasta Virginia Occidental para enterrarla. Cuando llegamos a Virginia Occidental, fuimos en dirección a un pequeño pueblo donde se ubicaba su antigua casa cerca de las vías del tren. Caminamos por la zona y nos llevamos a casa un antiguo clavo oxidado de las vías del tren, ya que mi bisabuelo había trabajado en ellas. Esta era parte de la historia de nuestra familia, y de la misma manera llevé un pétalo de rosa del convento Carmelita de Lisieux, una roca del Camino y una parte de las ropas de Santa Teresa de Ávila, que me dieron las monjas. Estas con cosas, como mis fotografías, por las que siempre puedo recordar mi viaje, y me recuerdan a Dios. El pétalo de rosa me recuerda a la espiritualidad de Teresa, ya que nos animó a realizar esos pequeños actos de amor. La roca me recuerda a los obstáculos que tenemos que afrontar y que podemos convertir en escalones. La muerte de Santiago junto con la de los otros apóstoles, fue un obstáculo para ellos, pero para la fe cristiana, fue un escalón. Su martirio hizo que muchos siguieran la fe. Finalmente, el trozo de ropa de Santa Teresa me recuerda su determinación de cumplir la voluntad de Dios y no permitir que nadie se meta en medio.

Escritura de Meditación: Éxodo 3:6

"Yo soy el Dios de tus padres, el Dios de Abraham, Dios de Isaac, y el Dios de Jacob."

Escritura de Meditación: Lucas 20:34-38

Jesús les respondió: "Los hombres y mujeres de este mundo se casan pero los que sean juzgados dignos de entrar en el otro mundo y de resucitar de entre los muertos, ya no toman marido ni esposa. Además ya no pueden morir, sino que son como ángeles. Son también hijos de Dios, por haber nacido de la resurrección. En cuanto a saber si los muertos resucitan, el mismo Moisés lo dio a entender en el pasaje de la zarza, cuando llama al Señor: Dios de Abraham, Dios de Isaac y Dios de Jacob. Él no es Dios de muertos, sino de vivos, y todos viven por él."

Escritura de Meditación: Juan 11:24-27

Marta respondió: "Ya sé que será resucitado en la resurrección de los muertos, en el último día." Le dijo Jesús: "Yo soy la resurrección (y la vida). El que cree en mí, aunque muera, vivirá. El que vive, el que cree en mí, no morirá para siempre. ¿Crees esto?" Ella contesto: "Sí, Señor; yo creo que tú eres el Cristo, el Hijo de Dios, el que tenía que venir al mundo."

Reflexión:

¿Pido oraciones de intercesión de aquellos en la tierra o en el cielo? ¿Por qué?

¿Encuentro dificultad a la hora de pedir oraciones de aquellos que están en la tierra o en el cielo?

¿Qué evita que no les pida a los demás que recen por mí?

Jesús nos dice claramente que cuando morimos en la tierra, estamos vivos con Él. Cuando Dios habla con Moisés, no usa el pasado sino el presente, lo que nos deja saber que todavía es su Dios. En la Biblia, el primer milagro realizado por Jesús ocurre cuando Su madre interviene como intercesora del novio y la novia, quienes no tenían vino. Los santos hicieron el bien mientras estuvieron en la tierra para el reino de Dios. ¿Por qué gastan su cielo haciendo cualquier otra cosa? Creo que Santa Teresa lo dijo mejor. Murió a los veinticuatro años de edad y en su libro, Historia de un Alma dijo, "Cuando muera mandaré una lluvia de rosas desde el cielo, pasaré mi tiempo en el cielo haciendo bien en la tierra."

Lección 20:

Una cosa que me pareció divertida del Camino que también se parecía a mi vida era que mucha gente se saltaba el tramo del medio. Desde el comienzo de mi viaje, cientos de peregrinos pasaron la primera noche conmigo en Roncesvalles, España, y todos los días en el sendero veía a un buen número de esos peregrinos. Una vez que pasé Pamplona, me di cuenta de que había menos peregrinos en el Camino y que algunos habían planeado subirse a un autobús que las lleva desde Pamplona a León. Cuando pasé Burgos, España, el número de peregrinos cayó todavía más. Muchos peregrinos decidieron usar el autobús desde Burgos hasta León. Muchos de los peregrinos se decidieron por el autobús debido a que el paisaje en la sección media era aburrido en comparación a andar por las montañas o entre viñedos. Muchos peregrinos andaban entrando y saliendo de las ciudades, y luego tomaban el autobús para llegar a la siguiente población importante.

Uno de los hospitaleros me dijo que el Camino está dividido en tres secciones. La primera trata sobre el desafío físico, la segunda es un desafío mental y la tercera consiste en un desafío espiritual. La sección del medio, con menos peregrinos y menos paisajes bonitos, es la más desafiante para los peregrinos. Todas las distracciones desaparecen y los peregrinos solamente se tienen a ellos mismos. Los peregrinos que recorren el Camino por diversión y no por motivos religiosos, utilizan el autobús para llegar hasta León cuando el Camino deja de ser tan divertido. Los peregrinos que se saltan la parte media podrían hacer trampas con facilidad en su vida espiritual. Hay gente que quiere tener lo bueno sin tener que poner ningún esfuerzo. Muchos quieren testimonios sin ser probados. Algunos desean tener experiencias de alta montaña con Dios pero no están dispuestos a escalar una montaña. En nuestras vidas espirituales, es la disciplina que sacamos del amor de Dios la que nos ayuda a crecer, pasando tiempo rezando, meditando sobre la Biblia, leyendo trabajos espirituales, realizando actos de piedad y yendo a la iglesia. Aun así mucha gente no pasa tiempo regularmente con Dios. En cambio, solamente quieren estar con Él cuando necesitan algo.

En el Camino, al igual que en la vida, la gente solamente desea vivir las partes divertidas, cuando están rodeados de mucha gente. Pero si se lanzan en su fe, descubrirán que desean estar mas con Dios que con la gente. En la sección del medio, muchos días lo caminaba sola, y con los únicos peregrinos que hablé fue para decir "Buen Camino." Pero todas las noches me reunía con la comunidad eclesiástica y me sentía apoyada. Además de las comunidades de fe que Dios pone en nuestras vidas, nos da el mejor asesor espiritual, el Espíritu Santo, que siempre está con nosotros. Luego también están los ángeles y los santos del cielo que nos apoyan y nos animan mientras elegimos nuestro camino en la vida. Así que independientemente del camino que elijamos, nunca estamos solos. La pregunta es la siguiente: ¿Utilizamos el camino fácil usando el autobús para llegar a la siguiente ciudad más grande, perdiendo potencialmente las lecciones que Dios nos tiene preparadas? O por el contrario ¿seguimos la llamada de Dios y seleccionamos el camino menos popular donde aprendemos del profesor?

Escritura de Meditación: Mateo 7:13-14

"Entren por la puerta angosta, porque ancha es la puerta y espacioso el camino que conduce a la ruina, y son muchos los que pasan por él. Pero ¡que angosta es la puerta y que escabroso el camino que conduce a la salvación! Y que pocos son los que lo encuentran."

Reflexión:

¿He creado disciplina espiritual en mi vida para aumentar mi tiempo con Dios? ¿Cómo puedo implementarlas a diario?

¿Qué haré para asegurarme de que no estoy haciendo trampas en mi vida espiritual?

Es fácil verse atrapado en este mundo y distraerse. Las distracciones pueden evitar que seas la persona que Dios quiere que seas. Imagine si María hubiese utilizado el autobús cuando el ángel vino a decirle que iba a tener un hijo. ¿Cuánta gente se está perdiendo la llamada de Dios debido a que están buscando la diversión en la vida? La gente que está viviendo la vida de Dios irradia una felicidad que aquellos que se están divirtiendo no tienen. Jesús nos llama a vidas radicales con caminos más difíciles pero que ofrecen resultados más satisfactorios.

Lección 21:

Muchos peregrinos, muchas culturas, muchas experiencias, muchos valores y muchas conversaciones me hicieron darme cuenta que no estoy en la mayoría de este mundo. Los valores que muchos de mis compañeros del Camino mostraban, a veces chocaban con los míos propios. En todas esas conversaciones me di cuenta que mis valores contrastan con los valores de hoy en día. Si hubiera hecho este Camino hace cientos de años, estoy segura que mis valores serían iguales que los de la mayoría de peregrinos de esos tiempos. ¿Cómo ha podido el mundo cambiar de valores tan rápido? ¿Cómo ha decidido nuestra sociedad en las décadas recientes que los comportamientos que fueron pecado durante miles de años ya no son pecado ahora?¿Cómo se han podido distorsionar tanto las enseñanzas de Jesús que cualquier Tom, Dick o María puede convertirse en pastor y crear su propia iglesia cuando no esté de acuerdo con lo que la suya propia enseña? ¿Ha cambiado Dios? ¿Han caducado las enseñanzas de Jesús? ¿Se ha convertido en inválido el formato de Jesús y sus apóstoles creado hace muchos siglos? Puede que la mejor pregunta sea, ¿piensan los humanos que son más inteligentes que Dios? ¿Es tan diferente nuestro mundo al mundo de la Biblia y lo que nos enseñan allí ya no es válido? Este no es el caso para las mismas dudas y tentaciones a los que nuestros ancestros se enfrentaron. Nosotros nos seguimos enfrentando a ellas hoy en día: la lujuria, avaricia, envidia, la soberbia, la gula, la ira y la pereza. Estos son los siete pecados capitales, y uno de ellos está en la raíz de todos los pecados. Cuando hablamos mal sobre alguien, muchas veces se basa en la envidia que le tenemos a ese alguien o en nuestro propio orgullo, pensando que somos mejor que esa persona. Cuando tenemos deseos sexuales que hacen que miremos material pornográfico, nos masturbemos, cometamos adulterio o tengamos relaciones sexuales fuera del matrimonio, los pecados están centrados en el pecado de la codicia pero también vienen a raíz de la envidia, la gula y la pereza.

Muchas veces oigo a alguien que dice que el mundo está cambiando y que nosotros también tenemos que cambiar. Esta es una excusa que usamos para hacer cosas que sabemos que están mal. El problema reside en que cuanto más decimos esto o lo oímos de los demás, más nos alejamos de Dios. Cuanto más nos alejamos de Dios, es más difícil para nosotros oír a nuestra consciencia y al Espíritu Santo hablando a través de nosotros. Algunos peregrinos han dicho que la iglesia católica y sus reglas sobre la sexualidad humana, el aborto, el control de natalidad, que haya mujeres sacerdotisas y el celibato de los curas son cosas del pasado, y que si la iglesia quiere existir, debe adaptarse al cambio. Estoy de acuerdo con que el mundo está cambiando, pero eso no significa que haya que cambiar las leyes naturales o que la iglesia debería cambiar. Un pecado no deja de ser un pecado porque entremos en otra década. Un pecado sigue siendo el mismo que era hace dos mil años, y no importa el número de nuevas leyes civiles, un pecado seguirá siendo el mismo durante los próximos dos mil años.

El uso de control de la natalidad o de anticonceptivos no naturales es un pecado. El único anticonceptivo que no es pecado es el que Dios nos dio, nuestros cuerpos. Hay momentos en los que el cuerpo de una mujer tiene más probabilidades de conseguir un embarazo. Siendo conscientes del cuerpo que nos ha dado Dios y usándolo de la manera que Dios quiere es lo que la iglesia llama Planificación Familiar Natural. La iglesia siempre ha dicho que el sexo solamente es entre marido y mujer y que solamente debería ser usado para una unión más cercana de la pareja entre ellos y como pareja con Dios. El llegar a una relación más cercana con Dios es cuando el marido y la mujer dicen libremente: "Que tu voluntad sea hecha," a Dios, y si esa es la voluntad de Dios, el acto marital del sexo les brindará una nueva vida mediante un hijo. Es interesante saber que enseñar sobre el control de natalidad ha sido aceptado en el mundo cristiano y que solamente ha empezado a cambiar en los últimos cien años. Aunque otras denominaciones cristianas han permitido aceptar este pecado en sus iglesias, la iglesia Católica no. El control de natalidad se ha convertido en la caja de Pandora del mundo cristiano. El ver el control de natalidad como una práctica aceptada ha abierto una puerta para el sexo fuera del matrimonio, el aborto y las uniones homosexuales. Si el propósito del sexo para Dios es la unión del hombre y la mujer y la procreación mediante Dios, entonces cuando la gente empieza a usar el control de natalidad, niegan el propósito del sexo. Cuando usan un método de control de natalidad, están diciendo, "Quiero tener sexo por placer, pero no quiero tener la posibilidad de engendrar un hijo." Sus cónyuges se convierten en objetos sexuales, y los empiezan a usar para la gratificación sexual. El sexo es un regalo de Dios, compartido entre marido y mujer, y ahora se ha convertido en un acto basado en la lujuria, codicia, soberbia, gula e incluso vagancia.

El mundo ha cambiado a mejor en muchas cosas mejorando las vidas de la gente de Dios, pero también ha cambiado en muchas cosas para mal.

Muchos de nuestros avances tecnológicos son amorales, lo que significa que por ellos mismos no son ni buenos ni malos. La tecnología puede ser usada para el bien o para el mal, dependiendo de la intención de su usuario. Si hubiese usado Internet para hablar con mi familia desde el extranjero, entonces hubiera usado Internet para bien. Pero si uso Internet para ver material pornográfico que me proporcione una gratificación sexual, entonces estoy usando el Internet para mal. En los tiempos de la Biblia había gente que engañaba para conseguir dinero y que la gente les siguiera. Suena familiar, ¿verdad? Hoy en día, intentando ganar dinero, nos están vendiendo falsas enseñanzas por que nos dicen, "Todo el mundo lo está haciendo," "La religión organizada trata de controlarnos," y "Si te sientes bien, ¿cómo puede ser malo?" Si queremos protestar y mantener nuestra verdad cristiana, los demás nos dicen que estamos anticuados. Los medios de comunicación, en un esfuerzo por vender productos (que muchas veces son pecado o llevan al pecado), nos dicen mentiras que después de oírlas muchas veces, hace que bajemos la guardia. Cuando un lobo que viene con la piel de cordero, ya sea un pastor, profesor, compañero de trabajo o familiar, permitimos que esas mentiras se conviertan en realidad, haciendo que sean nuestro credo.

Hoy en día como cristianos, tenemos que estar en guardia para atenernos a lo que Dios nos ha dado, lo que Jesús nos enseñó y lo que los apóstoles trajeron al mundo, algo que la iglesia ha protegido durante siglos. El pecado es pecado, y no tiene fecha de caducidad.

Escritura de Meditación: Romanos 12:1-2

Les ruego, pues hermanos, por la gran ternura de Dios, que le ofrezcan su propia persona como un sacrificio vivo y santo capaz de agradarle; este culto conviene a criaturas que tienen juicio. No sigan la corriente del mundo en que vivimos, sino más bien transfórmense a partir de una renovación interior. Así sabrán distinguir cual es la voluntad de Dios, lo que es bueno, lo que le agrada, lo que es perfecto.

Escritura de Meditación: Hebreos 13:7-9

Acuérdense de sus dirigentes que les enseñaron la palabra de Dios; miren cómo dejaron esta vida e imiten su fe. Cristo Jesús permanece hoy como ayer y por la eternidad. No se dejen engañar por las novedades y las doctrinas extrañas a la fe. La gracia de Dios es un buen medio para fortalecer la vida interior; no cuenten con otros alimentos de los que nadie sacó provecho.

Escritura de Meditación: 2 Timoteo 4:1-5

Te ruego delante de Dios y de Cristo Jesús, juez de vivos y muertos que ha de venir y reinar, y te digo: predica la Palabra, insiste a tiempo y a destiempo, rebatiendo, reprendiendo o aconsejando, siempre con paciencia y dejando una enseñanza. Pues llegara un tiempo en que los hombres ya no soportaran la sana doctrina, sino que se buscaran maestros según sus inclinaciones, hábiles en captar su atención; cerraran los oídos a la verdad y se volverán hacia puros cuentos.

Reflexión:

¿He suavizado mi visión de lo que considero pecado? Si es así, ¿en qué la he suavizado?

¿Pienso que los mandamientos de Dios o las enseñanzas de Jesús no son relevantes hoy en día? ¿Por qué sí o por qué no?

¿Cómo puedo defender los mandamientos de Dios y las enseñanzas de Jesús?

Comencé este capítulo preguntando si nuestro mundo había cambiado y la Biblia ya no era relevante. Bueno, si vamos al comienzo de la Biblia, leemos la historia del Edén en Génesis 3. Si lo examinamos, vemos los pecados de Adán y Eva, y además vemos cómo se convirtieron en pecado. *La serpiente era el más astuto de todos los animales del campo que Yavé Dios había hecho. Dijo a la mujer: "¿Es cierto que Dios les ha dicho: No coman de ninguno de los árboles del jardín?"* Al principio Eva no vio ni siquiera la trampa de la serpiente. Si alguien hubiese dicho esto en un jurado, el abogado hubiese saltado y protestado por manipular al testigo. Eva declaró sin saber que la trampa estaba lista, *"Podemos comer de los frutos de los árboles del jardín, pero no de ese árbol que está en medio del jardín, pues Dios nos ha dicho: No coman de él ni lo prueben siquiera, porque si lo hacen morirán."* Luego la serpiente le dijo una mentira a Eva, que hizo que se cuestionara las palabras de Dios, *"No es cierto que morirán. Es que Dios sabe muy bien que el día en que coman de él, se les abrirán a ustedes los ojos; entonces ustedes serán como dioses y conocerán lo que es bueno y lo que no lo es."* Todos sabemos cómo termina la historia. La mujer comete el pecado y el mundo cambia para siempre. El mismo método usado por la serpiente que hizo que Eva y Adán pecaran, es el mismo método que se usa hoy en día. La diferencia es que sabemos los trucos del diablo y la palabra de Dios, lo que nos previene de seguir estos pasos que llevan a la muerte.

Lección 22:

Estaba en un pueblo lejos de León, pero desde la cima de la colina del pueblo, podía ver toda la ciudad de León. En el medio veía las altas torres de la iglesia que se alzaban por encima del resto del pueblo. La expectación que tuve al llegar a la ciudad solamente se puede comparar con la de mi llegada a Santiago. Muchas veces durante el Camino podía ver un pueblo, pero por lo menos me quedaba una caminata de cinco kilómetros para llegar. Así que con cada paso, la expectación crecía.

El acercamiento a León incluía nuevas calles con edificios modernos. En la zona antigua, las estrechas calles de piedra tienen giros y vueltas, porque las calles nuevas se construyeron alrededor de los edificios antiguos. Estaba cansada y había estado tomando medicinas para un resfriado, pero cuando entre en León, se me olvidó todo eso. La expectación seguía creciendo, ya que ví a muchas de las personas con las que había tenido un acercamiento más próximo en el Camino o con los que había intercambiado conversaciones profundas. Además, la ciudad estaba acogiendo el festival anual en honor a San Froilán, el santo patrón de la ciudad, y las calles estaban repletas de vendedores y espectadores. Las calles eran sinuosos y no sabía cuándo llegaría a la catedral.

Una vez que llegué a la catedral, entendí una lección que Dios me estaba enseñando. Había usado los pueblos del Camino como ayudas visuales. Los paseos por los pueblos del Camino tienen un paralelismo con nuestras vidas. En el pueblo anterior a León, si hubiese andado en línea recta para llegar a la catedral, hubiese andado la mitad de la distancia, pero tuve que encontrar un camino entre los edificios. Pero al andar entre los edificios, tuve que andar entre calles sinuosos y pasé el doble de tiempo buscando la iglesia. Ese tiempo añadido hizo que la expectación creciera. De la misma manera que la época del adviento crea una anticipación al esperar la llegada de Jesús o una madre pasa nueve meses anticipando el nacimiento de su niño. Cuando llegué a la catedral, estaba emocionada y lista para entrar. De la misma forma mi camino de fe y el de las personas que conozco no ha sido un camino recto hasta Dios. Tuve que tomar varios caminos sinuosos para llegar a Dios, y en cuanto más me acercaba, sentía que el camino era más estrecho, como los pequeños caminos de piedra que llevaban a la catedral.

Escritura de Meditación: Mateo 7:13-14

"Entren por la puerta angosta, porque ancha es la puerta y espacioso el camino que conduce a la ruina, y son muchos los que pasan por él. Pero ¡que angosta es la puerta y que escabroso el camino que conduce a la salvación! Y que pocos son los que lo encuentran."

Reflexión:

¿Cuándo en la vida he tomado un camino directo a Dios?

¿Cuándo he tomado un camino sinuoso hasta Dios? ¿Cómo hizo que el tomar un camino sinuoso aumentara mi deseo por Dios?

¿Cuándo he estado durante mi camino de fe en un camino más estrecho acercándome a Dios?

Dios nos hizo a Su semejanza, y puso en nuestros corazones el deseo de conocerle. La vida puede ser confusa como los caminos sinuosos, pero cuando tenemos a Dios en el centro, la vida parece cobrar sentido. No podemos saber la hora de nuestras muertes, así que nadie toma intencionalmente un camino sinuoso para llegar hasta Dios. Mucha gente toma caminos sinuosos una o dos veces. Estoy agradecida de los caminos sinuosos que he tomado, ya que me han llevado hasta Dios y han eliminado el pecado de la soberbia, al cual tiendo. Por supuesto que al mirar atrás desearía no haber tenido que tomar ese camino sinuoso. Siempre recomiendo a los jóvenes a los que enseño que se mantengan en el camino recto que les lleva hasta Dios, pero también reconozco que mi amor hacia Dios, personalmente no sería el mismo que le tengo hoy en día de no haber cogido esos caminos sinuosos.

Lección 23:

Anduve entre caminos sinuosos guiada por las luces mientras salía de León a primera hora de la mañana. Las calles eran un completo contraste en comparación al festival del día anterior. Había silencio y solamente vi a un par de monjas andando por la ciudad. Más o menos seis kilómetros después de haber abandonado el monasterio, entré en un bar para comer algo. Detrás de la barra vi algo que no había visto desde el comienzo de mi peregrinaje y sentí un deseo instantáneo por ello. Era un donut. Dejé mi mochila sobre una silla, ordene el donut y fui al baño. Volví a mi mesa donde el donut estaba en un plato e hice la cosa más extraña. Cogí unas servilletas, envolví el donut, lo puse en mi mochila y empecé a caminar. Normalmente para desayunar me comía parte de una baguette del día anterior, una pieza de fruta, una barra de cereales, pero ahora siempre que paso por una pastelería o en un día lluvioso, paró en un bar o café por una repostería o un chocolate caliente. Siempre me como la comida allí o mientras literalmente salgo por la puerta. Pero por alguna razón, decidí envolver el donut a pesar de que tenía hambre y tenía buena pinta.

Justo a unos dos minutos del bar, había una capilla muy pequeña que no había visto antes, y la puerta principal estaba abierta. Cruce la calle y leí el folleto en la puerta, que me informó de que una Misa iba a empezar en diez minutos. Entré en la pequeña capilla (con sitio para unos treinta), me quité la mochila y sonreí, ya que Dios me había estado guiando mediante el Espíritu Santo haciéndome sentir que tenía que envolver el donut. Intencionalmente ayune y fui capaz de participar en la Eucaristía de Jesús. Aunque el donut era emocionante (sí, en el Camino aprendí a valorar las cosas más simples), no se podía comparar a la emoción de mi corazón cuando recibí la Eucaristía de Jesús.

No siempre he entendido la enseñanza de la Eucaristía. La verdad de que el cuerpo, la sangre, el alma y la divinidad de Jesucristo están realmente presentes en la Eucaristía, era un concepto que nunca había aprendido o estudiado. Pero mediante el estudio y más importante, la oración, esta verdad y enseñanza de Jesús, los apóstoles y la iglesia se convirtió en una realidad para mí. Este es realmente el mayor regalo que nunca se me había dado, y la fuente de mi fuerza. Para mucha gente, el pensamiento de que la Eucaristía es el cuerpo y sangre de Cristo, les hace evitar la iglesia. Lo mismo fue cierto en el día de Jesús. En la Biblia le vemos enseñando el Capítulo 6 de Juan y Sus discípulos respondieron, *"¡Este lenguaje es muy duro! ¿Quién querrá escucharlo?"* Jesús les dijo que muchos no lo creen y que no pueden aceptar la enseñanza. El verso 66 dice, *A partir de entonces muchos de sus discípulos se volvieron atrás y dejaron de seguirle.* Entonces Jesús les preguntó a sus doce apóstoles a ver si también se querían marchar, a lo que Pedro Simón respondió, *"Señor, ¿a quién iríamos? Tú tienes palabras de vida eterna. Nosotros creemos y sabemos que tú eres el Santo de Dios."*

Escritura de Meditación: Juan 6:48-58

"Yo soy el pan de vida. Sus antepasados comieron el mana en el desierto, pero murieron: aquí tienen el pan que baja del cielo, para que lo coman y ya no mueran. Yo soy el pan vivo que ha bajado del cielo. El que coma de este pan vivirá para siempre. El pan que yo daré es mi carne, y lo daré para la vida del mundo." Los judíos discutían entre sí: "¿Cómo puede este darnos a comer carne? Jesús les dijo: "En verdad les digo que si no comen la carne del Hijo del Hombre y no beben su sangre, no tienen vida en ustedes. El que come mi carne y bebe mi sangre vive de vida eterna, y yo lo resucitaré el último día. Mi carne es verdadera comida y mi sangre es verdadera bebida. El que como mi carne y bebe mi sangre permanece en mí y yo en él. Como el Padre, que es vida, me envió y yo vivo por el Padre, así quien me come vivirá por i. Este es el pan que ha bajado del cielo. Pero no como el de vuestros antepasados, que comieron y después murieron. El que coma este pan vivirá para siempre.

Reflexión:

¿Con qué enseñanzas de Dios tengo problemas?

¿Tengo una historia del donut, cuando el Espíritu Santo me marcó el camino? ¿Cómo puedo tener más de esas historias?

No puedo decir el motivo por el cual entré en la cafetería para pedir comida y luego la envolví para irme, pero Dios sabía la razón de antemano. Después de la Misa de esa mañana, Dios me llenó tanto que caminé dos horas antes de comerme el donut, y nunca tuve hambre. Tenemos que confiar en Dios y permitir que su Espíritu Sagrado nos ame, nos provea regalos y nos alimente. El milagro del donut es un pequeño ejemplo del trabajo del Espíritu Santo y de la Eucaristía como fuente de alimento.

Lección 24:

Un día mientras andaba sola, pensaba sobre varias historias que había escuchado sobre los motivos por los cuales los peregrinos recorrían el Camino y tuve un pensamiento muy profundo. Ignoré todas las cosas que nos hacen diferentes (edad, género, nacionalidad, religión y demás). En realidad, solamente hay dos tipos de personas: aquellas que quieren a Dios primero o las que se quieren a ellas antes.

Cuando queremos a Dios primero, estamos siguiendo Su llamada y Sus mandamientos. Jesús les dice a Sus seguidores en el Capítulo 22 de Mateo: *"Amarás al Señor, tu Dios con todo tu corazón, con toda tu alma y con toda tu mente. Este es el gran mandamiento, el primero."* Cuando Jesús habló con las personas que estaban perdiendo su vida espiritual, obtuvo dos respuestas de ellos: se marchaban tristes al igual que el hombre rico que se quería a sí mismo más que a Dios, o conseguían la felicidad al convertir sus vidas a querer a Dios primero.

Muchas veces vemos a gente que quiere vivir vidas cristianas, pero su amor hacia ellos no les deja amar a Dios primero. Al igual que muchos de ustedes, está es una batalla que libro todos los días, querer a Dios antes de quererme a mí. En la cultura de hoy en día, todo se basa en la imagen, la ropa que llevamos, los coches que conducimos, las casas en las que vivimos, en ser los mejores de nuestro campo, en los aparatos que tenemos y la lista sigue. ¿Alguna vez se ha dado cuenta de la cantidad de libros que hay en las librerías de auto-ayuda? ¿Piensa que una librería, que es un negocio basado en los beneficios, dedicaría tanto espacio en sus baldas si la gente no comprara estos libros? Otro ejemplo de nuestra guerra cultural, donde la sociedad me dice que me centre en mí en vez de en Dios. No estoy hablando mal sobre estos libros, estoy segura de que mucha gente ha sacado grandes beneficios de ellos, pero apostaría mi dinero diciendo que la Biblia ha hecho mejores cosas para mucha más gente que ningún libro de auto-ayuda jamás escrito.

Dios es amor, y mediante la Trinidad, el Padre, el Hijo y el Espíritu Santo, tenemos una visión de lo que es el amor perfecto. También hemos visto que el regalo del amor perfecto se ve de una manera muy gráfica en las historias de evangelio de la pasión de Jesús. El amor verdadero es dar amor, no es recibirlo. Jesús no preguntó lo que haríamos por Él en el caso de sufrir humillación, y dio Su vida por nuestros pecados.

Encuentro irónico que la gente que conozco que quiere a Dios por encima de ellos, parecen tener un amor mas grande de ellos mismos que la gente que elige quererse primero a ellos sobre Dios. ¿Cómo puede ser eso? Bueno, pienso que cuando queremos al creador, ¿cómo no podemos querer a Su creación? Si alguna vez has tenido un hermano pequeño, hijo, sobrino o has estado cerca de un niño pequeño cuando empieza a dibujar, entenderás esto. Muchas veces el arte es irreconocible, y el niño tiene que decirte lo que ha pintado, pero como quieres al creador de ese dibujo, te encanta su dibujo. Muchos padres exhiben con orgullo el arte de sus hijos por toda la casa o la oficina debido a que aman al artista. Por otra parte, está la gente que se quiere más a sí misma que Dios y que normalmente no son felices. Les falta el gozo y la paz que viene con el amor verdadero. Al decidir no querer a Dios primero, al ser Dios la persona que representa al amor, nunca conocen las vidas de amor verdadero que vienen al amarle a Él. Aquí es donde la lujuria puede confundirse con el amor. Cometen lujuria al contentarse con el dinero, las cosas y la gente, y aunque pueden llamarlo amor, nunca conocerán el verdadero significado del amor fuera de Dios.

Escritura de Meditación: Marcos 12:30-31

"Amarás al Señor tu Dios con todo tu corazón, con toda tu alma, con toda tu inteligencia y con todas tus fuerzas. Y después viene éste otro: Amarás a tu prójimo como a ti mismo. No hay ningún mandamiento más importante que éstos."

Reflexión:

¿A quién quiero primero en mi vida?

¿Cuáles son algunas maneras en las que me he querido a mí mismo por encima de Dios?

¿Qué me ayudará más en mi vida diaria a querer a Dios por encima de mí?

Cuando queremos a Dios, nos queremos a nosotros mismos, ya que Dios es nuestro creador. También queremos al prójimo, ya que Dios les creó. Cuando queremos a nuestro prójimo no tenemos envidia de los regalos que poseen, al contrario, damos gracias a Dios por haberles dado ciertos regalos que no tenemos. Si tuviera todos los regalos del mundo, no necesitaría a nadie más. Podría hacer todo por mí mismo, pero Dios nos ha conectado intencionalmente con Él y nuestras comunidades.

Lección 25:

El Camino es muchas cosas para mucha gente, pero lo que es seguro es que no es un viaje para lucir ropa. Los peregrinos siempre llevan las mismas ropas. La mayoría de ellos tienen dos vestimentas y algunos pocos llevan tres. Así que cada día usan una vestimenta para caminar y luego de una ducha, se ponen la otra para ir a la cama (mientras que las otras se secan) y luego caminan con ella al día siguiente. El peso de la mochila es importante para los peregrinos, así que al hacer la maleta y andar por el camino es importante hacer un recuento de las cosas y asegurarnos de que cada uno de ellos sea necesario. Así que todos los productos para el pelo, maquillaje, vestidos o cualquier cosa que sea para ponernos guapos, se queda en casa. No metí ninguna loción pensando que no era necesaria, pero una vez que mis pies se agrietaron, compré la botella más pequeña que pude encontrar en la tienda.

Me parece interesante que al hacer el Camino dejamos muchos productos que no son necesarios y que nos podrían pesar físicamente. Aun así, en la vida utilizamos muchos productos que enmascaran quien somos, pesándonos así emocionalmente. El Camino da la oportunidad a los peregrinos de conocer gente que es real, y la conocen exactamente en la etapa que están en sus vidas. Compartimos nuestros sueños y tragedias por las que recorrimos el Camino. Solamente vimos a la persona que estaba enfrente de nosotros. Vimos quiénes realmente eran- su interior. Fuera del Camino, conocemos a la gente que quieren proyectar con el uso de sus ropas, los coches que conducen, los teléfonos que tienen, sus estilos de peinado y de la información que comparten. Normalmente todo eso es algo exterior, y es muy difícil conocer a gente que nos deje ver su interior. En el Camino algunas mujeres llevaban maquillaje, pero la mayoría no. Pensé en cómo usamos el maquillaje para mejorar nuestros rasgos faciales o para ocultarlos, pero de cualquier forma, no proyectamos nuestra imagen como realmente es, sino cómo queremos que el mundo la vea.

Un regalo del Camino era conocer a la gente por lo que eran y no juzgarles por sus pelo alocado al viento (esa era yo), el olor natural de sus cuerpos, o por si roncaban por las noches. Los conocíamos y los queríamos cómo eran, sin importar lo diferentes que eran de nosotros. Una vez en un seminario de liderazgo escuché que en promedio las personas se pasan tres meses intentando impresionar a la otra persona. Eso significa que damos nuestra mejor cara para ser la persona que la otra persona quiere que seamos. Luego poco a poco, empezamos a compartir quien realmente somos con esa persona. ¿Esto le molesta o solamente me pasa a mí? ¿No le parece que pasamos gran parte de nuestra vida disimulando? Piense en la gente que ama de verdad. Seguramente les ha demostrado quien realmente es, y a cambio, le han compartido su interior. Si esto todavía no ha ocurrido, no es una relación de amor verdadera. ¿Cómo puede construirse una relación de amor en torno a una imagen falsa que alguien ha creado?

Le invito a que examine su propia vida y se pregunte cuantas relaciones verdaderas tiene. Estas son las relaciones con las que tiene una conexión interior. ¿Cuáles son sus relaciones superficiales? Considere el eliminar las relaciones superficiales de su vida. Le quitan el tiempo y la energía, ya que tiene que crear la idea de pretender ser alguien diferente. Cuando las plántulas comienzan a salir de entre la tierra, el jardinero elimina algunas para que las demás tengan más espacio para crecer saludable. Esto también se aplica en nuestras relaciones; tenemos que eliminar las relaciones superficiales y malas para permitir que las buenas y reales crezcan.

Escritura de Meditación: 1 Corintios 15:33

No se dejen engañar: las doctrinas malas corrompen las buenas conductas.

Reflexión:

¿Tengo una relación superficial que tengo que eliminar?

¿Hay personas con las que tengo que mejorar mi relación debido a que me llevan más cerca de Dios?

¿Existen cosas sobre mí que puedo cambiar para dejar de perder tanto tiempo creando una imagen superficial?

Mucha gente tiene miedo de eliminar las relaciones superficiales de sus vidas, ya que normalmente esas relaciones ofrecen popularidad y comodidad, o tienen miedo de quedarse solas. Al final, prefiero gastar mi tiempo intentando agradar a Dios en su compañía que gastar mi tiempo intentando impresionar en una relación superficial. Una relación superficial no sólo obstruirá las buenas relaciones de mi vida, sino que también obstruirá mi vida espiritual, ya que este tipo de relaciones hacen que me centre en cosas vanales.

Lección 26:

La etapa llana se había terminado, y las subidas y bajadas comenzaron de nuevo. A medida que me acercaba a una estatua de una cruz con una montaña inclinada detrás, lo empecé a encontrar simbólico. En este punto, sentía un tirón en la ingle, y sabía que con las subidas y bajadas el dolor se haría más intenso, pero aun así la visión de la cruz me reconfortaba. Sabía que todos los días recibía la llamada para levantar y llevar mi propia cruz y que Jesús llevó Su cruz para mi salvación y para la del mundo. Las cruces que llevamos sobre nosotros nunca serán demasiado grandes si las llevamos por el amor de Cristo, al igual que Cristo la llevo por Su amor a nosotros. Al llevar mi cruz por el amor a Dios, me dio la fuerza y la gracia que necesitaba, sin importar el tamaño de la montaña.

Escritura de Meditación: Lucas 9:23

También Jesús decía a toda la gente: "Si alguno quiere seguirme, que se niegue a sí mismo, que cargue con su cruz de cada día y que me siga."

Reflexión:

¿Cuándo he tenido problemas en aceptar la cruz que Dios me ha asignado?

¿Los demás aceptan su cruz con amor o se quejan sobre ella?

Las cruces pueden ser de muchas formas y tamaños. A veces nuestra cruz es un trabajo, una persona, una enfermedad o una situación. Nunca sabremos la forma física de nuestras cruces o lo grandes o pequeñas que parecerán. Cada persona tiene una cruz, y cada uno lo gestiona de una manera diferente. Durante nuestra vida, tendremos muchas cruces diferentes. La última vez que vi a mi abuela, estaba adolorida en su lecho de muerte, teniendo dificultades para respirar. Aceptó su cruz y rezó a Dios. Ella fue un gran ejemplo sobre cómo usar su cruz para fortalecer a los demás en el viaje de fe de sus cruces.

Lección 27:

En el instituto jugué al golf durante un par de años, y aprendí a determinar la distancia hasta el green para saber que palo tenía que usar. En mi vida laboral trabajando como asistente de residencia, aprendí a determinar la distancia de los pasillos para cambiar el piso. Ninguna de esas habilidades me ayudó a determinar lo lejos que estaba de un pueblo mientras andaba. Muchas veces en el Camino fallaba pensando que un pueblo estaba más cerca de lo que realmente estaba. Esta fue una de las cosas más duras que viví en el Camino. Mis ojos veían un pueblo, y al momento todo mi cuerpo respondía. Tenía la urgencia de ir al baño, empezaba a pensar lo que podía comer y mis pies estaban listos para un descanso. Durante las partes llanas, especialmente en los días despejados, podía ver a gran distancia. Podía ver un pueblo, pero podían pasar dos o tres horas hasta llegar al centro del pueblo. Lo que parecía que estaba tan cerca, me llevaba dos horas llegar, donde podía descansar y comer antes de caminar hacia el siguiente pueblo.

Mientras caminaba y pensaba lo lejos que estaba el pueblo, pensé sobre mis antiguos estudiantes. Durante mi carrera he tenido muchas conversaciones con estudiantes de instituto y universidad que creían en Dios, sabían lo básico de Sus enseñanzas y se consideraban cristianos, pero aun así no querían entregarse a sus enseñanzas. Muchas veces sabían que algunas de sus acciones eran pecado, pero se escudaban en el "solamente se es joven una vez." Muchos de ellos se sentían seguros de divertirse en ese momento, viviendo la vida que estaban viviendo, y que al hacerse mayores empezarían a vivir sus vidas cristianas casándose y teniendo hijos. Muchos de estos adolescentes pensaban que podían ignorar a Dios y Sus reglas durante la primera parte de sus vidas ya que después tendrían tiempo de arreglarlo. La verdad es que ninguno de nosotros tiene garantías sobre hoy y menos sobre mañana.

Unas pocas veces en el Camino, subiendo y bajando por una zona montañosa, apareció un pueblo de la nada, pues las montañas escondían el pueblo. Subía hasta la cima de la montaña y veía inmediatamente el pueblo allí mismo al otro lado. Cuando tenía trece años, mi mejor amiga murió en un accidente de tráfico. Recuerdo el haber estado en su funeral y haber escuchado el discurso del cura sobre ella. Yo estaba sentada en la iglesia preguntándome porque fue ella y no yo. Era mejor persona de lo que yo lo era. A esa edad no podía responder a la pregunta, ¿por qué ella y no yo? Dos décadas después, todavía no puedo responder a esa pregunta. Lo que sí sé es que su vida en la tierra se cortó de golpe.

De la misma forma, cualquiera de nosotros puede morir en cualquier momento. Así que la idea de que puede cometer errores ahora y arreglarlos cuando sea mayor, no es correcta. Me gustaría decirle que nunca he pecado, pero eso no es cierto. Pero si le puedo decir que estoy agradecida de que Dios me haya permitido seguir viviendo, para poder volverme hacia Él y centrar toda mi vida en Dios. Permitiéndonos vivir es el regalo de Dios hacia nosotros. Elegir seguir a Dios es nuestro regalo para Él. No derroche su vida, viviéndola como si tuviera tiempo para entrar en el Reino de los Cielos. La realidad es que el Reino de Dios ya está aquí.

Escritura de Meditación: Jaime 4:13-15

Ahora les toca el turno a los que dicen: "Hoy o mañana iremos a tal ciudad y pasaremos allí el ano, haremos buenos negocios y obtendremos ganancias." Pero ustedes no saben lo que será el mañana. ¿Estarán con vida todavía? Pues no son más que humo que se ve por unos instantes y luego se disipa. ¿Por qué no dicen más bien: "Si Dios nos da vida, haremos esto o lo otro"?

Reflexión:

¿Qué diría Dios sobre las decisiones que tomo a diario?

¿Alguna vez pienso sobre mi muerte y sobre cada día cómo un regalo?

¿Cómo puedo vivir cada día pensando que es un regalo de Dios?

Amigo, apéguese a la vida como si cada día fuera el último, ya que lo que haga hoy determinará donde pasará la eternidad. Imagine cómo sería el mundo si todo cristiano viviese de esta manera.

Lección 28:

Estaba entrando en un pueblo cuando oí las campanas de una de las iglesias. Todas las iglesias no tienen toque de campanas, así que sabía que era la hora de Misa. Fui a Misa y a la lectura del evangelio era de Lucas. El evangelio fue el mensaje perfecto para la Misa, y también lo fue para que reflexionara durante el resto del día mientras caminaba.

La historia del evangelio era sobre un hombre que le preguntaba a Jesús qué tenía que hacer para disfrutar de la vida eterna. Jesús le preguntó al hombre lo que decían las leyes sobre ello y el hombre le dijo a Jesús *"Amarás al Señor tu Dios con todo tu corazón, con toda tu alma, con todas tus fuerzas y con toda tu mente; y amarás a tu prójimo como a ti mismo."* Jesús le dijo al hombre que lo que había dicho era cierto y le comentó que viviera su vida de acuerdo a esas leyes.

Ahora viene la parte de la historia que me encanta, ya que me puedo ver a mí misma haciéndole la misma pregunta a Jesús que el hombre le hizo, *"¿Y quién es mi prójimo?"* Por supuesto que Jesús no le dijo que todo el mundo al joven hombre. En cambio le contó una historia, la del Buen Samaritano. Al final de la historia, Jesús preguntó que quien era el prójimo. El hombre entendió que todo el mundo es el prójimo y que estamos llamados a ayudar a todo el que necesite ayuda.

El Camino me ofreció la oportunidad de conocer gente de todo el mundo, todos los continentes estaban representados a excepción de la Antártida. Los peregrinos representaban la comunidad del mundo. No me encontré con ningún conocido anterior en el Camino, pero cada persona se convirtió en mi prójimo. A cualquier parte que mirara en el Camino, veía una historia del Buen Samaritano cobrar vida. Había un doctor italiano que me comentó lo que iba mal con mi pie, una española que compartió su crema para ayudarme con la inflamación y una pareja de Nueva Zelanda que me dieron algunos medicamentos para el dolor hasta que pudiera comprar más en la farmacia. De la misma manera, fui capaz de compartir mis medicamentos con una canadiense y le di mi tobillera a un americano que lo necesitaba más. Por supuesto que el cuidar de los demás no se limita a las medicinas. Nos ayudamos ofreciéndonos palabras de ánimo, dejando la cama de debajo de las literas a los que las necesitaran más, compartiendo la comida que teníamos con otros y bajando el ritmo de la caminata por otros peregrinos que tenían problemas. Estas son solamente algunas de las formas con las que podemos ayudar a nuestro prójimo.

Imagine cómo sería el mundo si viviéramos nuestros días intentando buscar oportunidades para ser un Buen Samaritano con aquellos que nos encontramos. Si vemos a una persona cojeando, la podemos ayudar sin ni siquiera tener que hablar con ella. El mundo del Camino estaba lleno de gente con el objetivo de llegar al mismo destino y nos queríamos asegurar de que el resto de peregrinos también lo consiguiesen. Nuestro objetivo en la tierra es alcanzar el cielo y ayudar a que otros lo consigan, y el Camino es la vía perfecta para enseñarnos a hacerlo.

Escritura de Meditación: Lucas 10:25 - 37

Un maestro de la Ley, que quería ponerlo a prueba, se levantó y le dijo: "Maestro, ¿Qué debo hacer para conseguir la vida eterna?" Jesús le dijo: "¿Que está escrito en la Escritura? ¿Qué lees en ella?" El hombre contesto: "Amaras al Señor tu Dios con todo tu corazón, con toda tu alma, con todas tus fuerzas y con toda tu mente; y amaras a tu prójimo como a ti mismo." Jesús le dijo: "¡Excelente respuesta! Haz eso y vivirás." El otro, que quería justificar su pregunta, replico: "¿Y quién es mi prójimo?" Jesús empezó a decir: "Bajaba un hombre por el camino de Jerusalén a Jericó y cayó en manos de unos bandidos, que lo despojaron hasta de sus ropas, lo golpearon y se marcharon dejándolo medio muerto. Por casualidad bajaba por ese camino un sacerdote; lo vio, dio un rodeo y siguió. Lo mismo hizo un levita que llego a ese lugar: lo vio dio un rodeo y pasó de largo. Un samaritano también paso por aquel camino y lo vio, pero este se compadeció de él. Se acercó, curo sus heridas con aceite y vino y se las vendo; después lo monto sobre el animal que traía, lo condujo a una posada y se encargó de cuidarlo. Al día siguiente saco dos monedas y se las dio al posadero diciéndole: "Cuídalo y si gastas más, yo te lo pagare a mi vuelta." Jesús entonces le pregunto: "Según tu parecer, ¿Cuál de estos tres se hizo el prójimo del hombre que cayó en manos de los salteadores?" El maestro de la Ley contesto: "El que se mostró compasivo con él." Y Jesús le dijo: "Vete y haz tu lo mismo."

Reflexión:

¿Quién en mi vida es un Buen Samaritano? ¿Qué hace que describa a su persona como Buen Samaritano?

¿Qué puedo hacer hoy por una persona que no conozco?

Conocí a un hombre de California que terminaba andando la misma distancia que yo al día, y muchas veces nos veíamos en la Misa de la tarde. Me solía pasar muchas veces y sabía que yo estaba lesionada y que no podía andar rápido por el dolor, pero el también sufría mi dolor. Una noche mientras estaba saliendo de Misa, me dijo que llegaríamos hasta Santiago, a lo que yo respondí, "Si es la voluntad de Dios, llegaré hasta allí."

A lo que me respondió, "Si hace falta, ¡te arrastraré hasta allí!" ¿Qué pasaría si todos mostráramos este nivel de compromiso? Especialmente viniendo de alguien que acabamos de conocer. El buen samaritano busca oportunidades para ayudar al prójimo, incluso cuando nosotros necesitamos ayuda. Le desafío a ponerse la meta personal de hacer una buena acción al día durante toda su vida. Puede ser tan fácil como abrir la puerta para alguien. Incluso los pequeños actos pueden tener un impacto duradero.

Lección 29:

Estábamos caminando en las montañas, y el segundo pequeño pueblo por el que pasamos no tenía una cafetería, bar o tienda para comprar comida. Un peregrino español estaba caminando en el sentido contrario, preguntando si alguien había visto una cafetería. Al pasar por al lado de él, le di una barrita de cereal para que pudiese comer algo, ya que no había nada abierto. Seguí andando y un chico de Texas, quien había visto mi acto de Buen Samaritano, entabló una conversación conmigo. Esto terminó siendo una conversación de dos horas sobre la fe. Estaba recorriendo el camino con su padre de setenta y cinco años. Quería que conociera a su padre esa noche, ya que nos íbamos a alojar en el mismo pueblo.

Llegué al pueblo pronto y tuve que esperar hasta la hora de entrada del albergue, así que fui al otro albergue del pueblo para tomarme un te caliente, ya que era otro frío y lluvioso día. Dentro del bar estaban el chico de Texas y su padre. Ellos se alojaban en este albergue, así que nos quedamos los tres compartiendo nuestra fe y nuestras historias de vida. Después de un par de horas, algunos amigos que hicieron durante sus caminatas se nos unieron. La mujer era irlandesa y el hombre holandés. Después de las presentaciones, la irlandesa estaba revisando sus papeles cuando el padre vio algo que captó su atención. Era una tarjeta de oración a Jesús, y el padre le preguntó a la irlandesa si podía verla. La chica irlandesa le pasó la carta y dijo que se la había encontrado en el Camino y que no sabía qué hacer con ella. La cabeza del chico tejano se volcó entre sus manos y me podía imaginar lo que estaba pasando. La mujer irlandesa siguió hablando y nos contó que la tarjeta de oración era adorable, pero que alguien la había perdido y que estaba pensando en dejarla al pie de la cruz para que la persona la pudiese encontrar. En este momento intervino el holandés, diciendo que ella había hablado sobre el tema todo el día. El chico de Texas levantó la cabeza y su padre estaba agitando la tarjeta entre sus manos, así que tanto la irlandesa como el holandés comprendieron que era él quien la había perdido.

Este acto de providencia hizo que el holandés compartiera que él también había perdido algo en el Camino. Un amigo le había dado un rosario en el primer día de su peregrinaje, y lo había perdido. Inmediatamente, a la vez que el holandés nos lo estaba contando, sentí que el Espíritu Santo me guiaba. Metí la mano en mi bolsillo y sentí mi rosario. Cuando terminó de hablar, saqué el rosario y se lo di. Le comenté que mi comunidad de fe en casa me lo había hecho y que sabía que estaba hecho para él. Después de unos minutos, la irlandesa y el holandés decidieron ir a dar un paseo hasta la cruz de la montaña para ver el atardecer. Yo también me marché para registrarme en mi albergue, ya que ahora ya estaban aceptando peregrinos. Fui hacia el albergue de la iglesia.

Después de ducharme, lavar mi ropa y preparar mi cama para la noche, di un paseo por el pequeñísimo pueblo y acabé en el bar del otro albergue, donde el padre e hijo de Texas seguían hablando. Estuvimos como unas dos horas hablando hasta que sentí los brazos del holandés sobre mi cuerpo, dándome un abrazo y un beso en mi mejilla. El holandés me dijo que le había pedido a Dios una señal, ya que pensaba que no merecía seguir viviendo su vida, y el haber perdido el rosario al principio de su peregrinaje había sido una mala señal. Luego una extraña le había regalado un rosario, y sabía que esa era la señal de Dios para que siguiese viviendo.

Mi acción de regalar un rosario a un extraño no fue nada del otro mundo, pero tuvo un profundo impacto en la vida del hombre. Nunca sabemos cómo impactarán las cosas que decimos y hacemos sobre la vida de los demás, pero cuando nos sentimos guiados por el Espíritu Santo, solamente tenemos que confiar en que Dios tiene una razón. Estoy segura de que a lo largo de mi vida, Dios ha intentado hablar conmigo y guiarme a través de su Espíritu Santo, pero yo no estaba escuchando. El Espíritu Santo está con todos nosotros y solamente tenemos que estar abiertos para escuchar lo que nos tiene que decir. Me gustaría que Dios usara pancartas, pero ese no es el estilo de Dios. He descubierto que el estilo de Dios para hablarme se basa en la suavidad de su voz en mi alma. Pero si permito ruido y me distraigo, no puedo escuchar ese susurro que me dice qué hacer.

El permitir que el Espíritu Santo guíe nuestras vidas nos permitirá hacer cosas que son humanamente imposibles, pero por supuesto, para Dios todo es posible. Dios eligió que ese rosario y yo fuéramos instrumentos para el holandés. Todo lo que tuve que hacer fue escuchar para permitir que Dios me usase.

Escritura de Meditación: Juan 14:16-18

"Y Yo rogare al Padre y les dará otro Protector que permanecerá siempre con ustedes, el Espíritu de Verdad, a quien el mundo no puede recibir, porque no lo ve ni lo conoce. Pero ustedes lo conocen, porque esta con ustedes y permanecerá en ustedes. No los dejare huérfanos, sino que volveré a ustedes."

Reflexión:

¿Cuándo en mi vida he sentido al Espíritu Santo guiándome? ¿Cómo respondí?

¿Cómo mantengo lejos el ruido y las distracciones para que pueda escuchar cuando Dios me está hablando?

Uno de mis miedos a la hora de volver a Estados Unidos era el de involucrarme de nuevo y permitir que el ruido y las distracciones controlaran mi vida. Ir de peregrinaje o retiro está muy bien, pero si vuelves y sigues con el mismo patrón, entonces la experiencia no ha servido de mucho. Por lo tanto tengo que estar en guardia con mi vida espiritual para no permitir que el ruido de la vida diaria confunda el mensaje que Dios desea que yo escuche. Es difícil. En mi peregrinaje, tanto en las partes de dentro y fuera del Camino, sabía exactamente lo que Dios quería de mí, que quería que hiciera y quería que dijera. Una vez que volví a los Estados Unidos, descubrí que tenía que pasar mucho tiempo más rezando para entender Su voluntad. Mucho de esto tenía que ver con mi incapacidad de mantenerme rezando continuamente permitiendo que las distracciones como las películas o series de televisión no me alejaran.

Lección 30:

Justo casi al final del Camino, hay una cruz en una montaña con una pila de rocas bajo ella. Cuando se llega a la cruz, el peregrino deja piedras de su casa. Me levanté pronto para dejar el albergue donde me alojaba para poder llegar a la cruz antes del amanecer. Caminé en total oscuridad por el camino de la montaña y llegué a la cruz cuando todavía estaba oscuro. Estuve en la cruz una hora hasta que llegó el primer peregrino. Estuve sentada en un banco pensando en lo que la piedra en mi mano significa para mí.

La piedra que había traído de mi casa tenía su propia historia. La había recibido al azar en un retiro un año antes, y la piedra tenía la palabra "someter" en ella. La palabra se correspondía con el verso de la Biblia que había recibido en el retiro. Santiago 4:7 dice, *"Sométanse, pues, a Dios; resistan al diablo y huirá de ustedes."* Durante los tres meses anteriores a ese retiro, había tenido el enfrentamiento espiritual más intenso de mi vida. Esa piedra se había convertido en un objeto físico que representaba una pelea espiritual que había tenido con el diablo.

Había llevado la piedra durante mi peregrinaje y ahora rezaba a los pies de una cruz en la oscuridad. Mis oraciones eran para agradecer a Dios que me hubiese puesto esta prueba en la vida, por el regalo que me había dado con el peregrinaje y por haberme librado de mis cargas. Cuando puse la piedra al pie de la cruz, literalmente sentí que mi carga se le pasaba a Jesús. Nuestras cargas y pecados, al igual que una mochila de veintisiete libras, pueden hacernos más lentos, y Dios no quiere eso para nosotros. Además cuando me senté al pie de la cruz, también me di cuenta de que me sometía a la voluntad de Dios al 100%, haciendo lo que fuera que quisiese que hiciera.

Escritura de Meditación: Jaime 4:7

"Sométanse, pues, a Dios; resistan al diablo y huira de ustedes."

Reflexión:

¿Qué significan las palabras someterse a Dios para mi?

¿Estoy deseando someter toda mi vida a Dios?

La palabra someterse tiene una connotación negativa en nuestra sociedad. Tengo que admitir que he tenido muy pocos jefes en mi carrera a los que me haya querido someter. Sin embargo cuando pienso en someterme a Dios, creo que no hay debate. ¿Por qué no querría someterme a Dios? Al someterme a Dios, consigo una relación con Él donde le digo que confío en Él, que le necesito, y haré lo que El quiera que yo haga. El mejor regalo que poseo soy yo, y se lo entrego libremente a Dios. Someterse a Dios parece correcto, pero pasé mucho tiempo con miedo de hacerlo por lo que podría pedirme que hiciese. Por eso, entiendo su miedo, pero si se sienta al pie de una cruz o crucifijo, creo que entenderá el amor que Él tiene por usted.

Lección 31:

La montaña parecía como de una mañana de otoño: estaba cubierta por la niebla y hacía frio. El día anterior había hecho sol y podía ver muy lejos desde la montaña, pero hoy solamente podía ver un poco hacia adelante. La niebla me recordaba al misterio de Dios. Muchas veces queremos conocer nuestro futuro, pero la niebla es un buen recordatorio de que no podemos saber lo que nos espera. En vez de intentar ver nuestro futuro, deberíamos centrarnos en el día de hoy y comprobar qué podemos ver. No hay nada malo en planear nuestro futuro, solamente tenemos que asegurarnos de que hacemos los planes que Dios quiere para nosotros.

Mientras vivimos en la tierra, no creo que seamos capaces de ver la imagen general de nuestras vidas- como todas las partes se juntan. Al igual que pasa con la montaña, podemos ver parte de nuestras vidas y el impacto que tuvieron en los demás permanecerá en la niebla. Solamente cuando estemos con el Creador podremos entender y ser capaces de verlo con claridad. No se ponga triste debido a que no pueda ver la imagen general, en lugar de ello, disfrute del misterio.

Escritura de Meditación: Jeremías 29:11-14

Porque yo sé muy bien lo que hare por ustedes; les quiero dar paz y no desgracia y un porvenir lleno de esperanza, palabra de Yavé. Cuando me invoquen y vengan a suplicarme, yo los escuchare; y cuando me busquen me encontraran, siempre que me imploren con todo su corazón. Entonces hare que me encuentren; volverán sus todos los países y de todos los lugares adonde los expulse. Y luego los hare volver de donde fueron desterrados, palabra de Yavé.

Reflexión:

¿Cómo me preocupa el no conocer mi futuro?

¿Cómo puedo confiar en los planes que el Señor ha hecho para mi vida?

Yo siempre lo estaba planeando todo, y una vez que empecé a vivir mi vida para Dios, empecé a preocuparme. Pensé que podría estar viviendo la vocación que Dios deseaba para mí, pero no sabía cuál era la vocación que Dios quería para mí. Parte de mi peregrinaje consistía en descubrir lo que Dios me llamaba a hacer, ya fuera una vida religiosa, marital o soltera comprometida. La lección de la niebla muestra que Dios lo revelará a su tiempo y no cuando yo quiera. Esta lección fue un precioso regalo, ya que me permitió no estresarme sobre mi vocación y realizar la voluntad de Dios. En lugar de ello, acepto la niebla y sigo lo que puedo ver con claridad que Dios quiere que yo haga. En relación a lo que hay en la niebla, eso lo dejo para mi tiempo de oración con Dios.

Lección 32:

Al llegar al albergue, siempre preguntaba si había Misa y a qué hora comenzaba. Esa noche, los voluntarios del albergue me dijeron que la Misa sería en el convento de la iglesia y me dijeron la hora para ir con el resto de peregrinos alojados en el albergue.

De los veinte peregrinos que estábamos allí, la mayoría fuimos a la Misa. Para muchos de ellos, era su primera Misa en el Camino. Para un sueco, sería la primera Misa de su vida. Cuando entramos en el convento, las monjas estaban rezando el rosario en el lado derecho de la capilla, y nuestro grupo se comenzó a sentar en el lado izquierdo de la capilla. Mi ingle seguía con el tirón, caminaba despacio, así que me puse en la parte de atrás del grupo. El voluntario del albergue actuaba como anfitrión, diciendo a los peregrinos dónde sentarse. Ninguno de ellos se había sentado en primera fila, así que nos señalo al sueco y a mí hacia allí, y así lo hicimos.

Cuando la Misa empezó, me di cuenta de que el sueco no estaba seguro de lo que estaba pasando, y siempre se levantaba o sentaba un paso por detrás de los demás. Así cuando llegó el tiempo de las lecturas, compartí con el mi misario. Después de la Liturgia de la Palabra, era la hora de la Liturgia de la Eucaristía, y aquí fue cuando vi que el sueco hacía un gran esfuerzo para descubrir qué estaba pasando en el altar. Después de la Oración del Señor, me giré hacia el sueco, agarré su mano y le dije, "Que la paz esté contigo." Siempre hablo muy rápido, y viendo la cara de confusión que tenía, volví a repetir, "Que la paz esté contigo." Esta vez hablé muy despacio, mirándole a los ojos mientras sujetaba su mano. Este hombre de la montana de Suiza que era un pie más alto que yo, irradiaba la mas bonita sonrisa cuando le di el signo de paz. Luego me giré para mostrarles el signo de paz al voluntario del albergue y una mujer francesa que se sentaban detrás de nosotros, y el sueco hizo lo mismo. Después de esto, este hombre que al comienzo de la Misa tenía cara de preocupación, ahora irradiaba una luz desde su interior que se veía en el exterior.

Nunca me había dado cuenta del regalo que es el mirar a alguien a los ojos y desearle paz. No sólo le estaba deseando paz a él, lo que quería era desearle paz a través de nuestro Señor. Cuando Cristo volvió tras su resurrección, las primeras palabras que compartió con todos sus discípulos fueron, *"La paz sea con vosotros"*, de Juan 20. Cada parte de la Misa tiene mucha intención, y todas las citas de la Misa se refieren a Cristo y la iglesia primitiva. El hombre de Suecia, que asistía a su primera Misa, me enseñó la esencia del signo de la paz. Estamos aquí para dar y recibir la paz de Cristo con alegría y para permitir que su paz descanse en nosotros.

Meditación Espiritual: Juan 14:27

"Les dejo la paz, les doy mi paz. La paz que yo les doy no es como la que da el mundo. Que no haya en ustedes angustia ni miedo."

Reflexión:

¿Cuándo he sentido la paz de Dios?

En mi vida espiritual, ¿cuándo he permitido que el hábito se convierta en rutina y pierda su significado?

Nunca permita a sí mismo dejar de lado el regalo de Dios de dar y recibir su paz para que se vuelva un habito, donde simplemente empieza a seguir la moción de la misa. Todos somos como el sueco, todos tenemos nuestros problemas. Si no prestamos atención, podemos perdernos el gozo que Cristo nos está ofreciendo con su signo de paz.

Lección 33:

Muchos de los albergues a lo largo del Camino fueron fundados por la parroquia, organizaciones religiosas laicas y los monasterios de órdenes religiosas que abrían sus hogares a los peregrinos. Como regla, intentaba quedarme en un albergue asociado con la iglesia católica si había alguno disponible en el pueblo. Los albergues privados solían tener las mejores comodidades con menos peregrinos en cada cuarto, pero también eran los más caros. Los albergues municipales eran de un precio parecido al de los albergues católicos, pero solían ofrecer un poco mas de comodidades. Los albergues católicos eran muy básicos. Estaban abiertos a peregrinos de todas las creencias, solían tener corrientes de aire al ser edificios antiguos y solían ofrecer un servicio de Misa o de oración.

En la mayoría de los servicios, antes de que empezaran o terminaran, los curas solían preguntar el idioma que la gente hablaban y daban guías en el idioma nativo de cada uno. Los diferentes peregrinos tomaban parte en el mismo servicio pero en diferentes idiomas. Esto siempre era muy especial ya que me recordaba que las palabras iglesia católica significa iglesia universal, y que tenemos miembros de todo el mundo.

En el servicio de oración en el albergue de San Nicolás, escuchamos el evangelio que nos dice que Jesús es el vino, nosotros somos las parras y Dios es el vinicultor. Al día siguiente me encontré andando por montañas rodeadas de viñedos, así que medité sobre el evangelio que había escuchado el día anterior. Esa era otra bendición del Camino, la posibilidad de ver el trabajo de Dios, ya que la última vez que había visto un viñedo había sido unos diez días atrás. Fue increíble que después de oír las enseñanzas de Jesús en los viñedos, me encontrara rodeada de viñedos, tantos como mis ojos podían ver en todas las direcciones. De verdad sentí que durante todo mi peregrinaje Dios me estaba proporcionando ayudas visuales para que pudiera recordar sus enseñanzas. ¡Dios es bueno!

Mientras andaba por el camino rodeada de viñedos, pensé sobre el evangelio y me di cuenta de la abundancia de uvas de la temporada, casi listas para ser recogidas. Pensé que nosotros también somos abundantes y que cuanto más cerca estamos de Cristo, más crecemos y más frutos damos. Además de la abundancia de buenos racimos de uvas, también encontré racimos de uvas sobre el suelo que se habían caído por su peso o por alguien que había intentado cogerlas para comerlas, pero que las había tirado al suelo para madurar, pues no estaban listas aún para ser recogidas. ¿Qué relación tiene esto con nuestras vidas espirituales? Cuando estamos conectados con Jesús, "la parra", nos alimenta y recibimos los regalos que necesitamos para sobrevivir. Las uvas a veces se caen por si solas, y eso es lo que pasa cuando dejamos a Dios debido a que pensamos que podemos hacerlo mejor solos. Nunca he conocido a nadie que haya abandonado a Dios y no haya visto decaer su vida poco después. De la misma manera, a veces intentamos estar conectados a Dios, pero alguien se mete por medio y nos lo impide. Si no volvemos con Dios, también decaeremos. Luego, a veces Dios intenta atraernos hacia Él, pero le ignoramos, y para ayudarnos, corta la conexión con nosotros. Si Dios nos corta de la parra, pero nos arrepentimos y queremos volver a reunirnos con Él, nos da la bienvenida como hijos pródigos y experimentamos una reconversión. Aquí es cuando vemos la uva en el suelo separada de la parra y en decadencia. Mediante nuestro arrepentimiento, somos convertidos y volvemos al seno de Dios. Morimos en nuestros antiguos pecados y renacemos. Este, por supuesto, es un proceso donde la uva decae y vuelve a la tierra para reunirse con la parra. Este proceso es mucho más doloroso que simplemente mantenerse unido a la parra desde el principio, pero es un proceso de piedad y misericordia que nuestro Padre nos ofrece para reunirnos en Su reino.

Escritura de Meditación: Juan 15:1-9

"Yo soy la vid verdadera, y mi Padre es el labrador. Toda rama que no da fruto en mí la corta. Y todo sarmiento que da fruto lo limpia para que dé más fruto. Ustedes ya están limpios gracias a la palabra que les he anunciado, pero permanezcan en mi como yo permanezco en ustedes. Un sarmiento no puede producir fruto por sí mismo si no permanece unido a la vida; tampoco ustedes pueden producir fruto si no permanecen en mí. Yo soy la vid y ustedes los sarmientos. El que permanece en mí y yo en él, esa da mucho fruto, pero sin mí no pueden hacer nada. Al que no permanece en mi lo tiran y se seca; como a los sarmientos, que los amontonan, se echan al fuego y se queman. Mientras ustedes permanezcan en mí y mis palabras permanezcan en mí y mis palabras permanezcan en ustedes, pidan lo que quieran y lo conseguirán. Mi Padre es glorificado

cuando ustedes producen abundantes frutos: entonces pasan a ser discípulos míos. Como el Padre me amo, así también los he amado yo: permanezcan en mi amor.

Reflexión:

¿Qué fruto estoy actualmente obteniendo en mi vida por estar conectado a Jesús?

Si Dios me cortó alguna vez de la parra, ¿cómo me sentí y que hice para volver de nueva a la parra?

Nadie puede sacar ningún fruto sin el vinicultor (Dios) y sin estar conectado a su parra (Jesús). Muchas veces estamos muy ocupados sirviendo a los demás y a la voluntad de Dios que nos desviamos y no nos alimentamos a nosotros mismos. Si estamos fallando al recibir todo lo que Jesús nos ofrece, entonces no podemos dar la multitud de fruto que Dios desea para nosotros. En tu propio viaje de fe, tienes que alimentarte y estar conectado a Dios, ya que es la fuente de la vida.

Lección 34:

En la mañana del 13 de octubre, yo estaba rezando mi rosario y caminando por la montaña cuando el sol comenzó a subir. Yo estaba en la cima de la montaña y tenía una vista clara de la salida del sol, porque yo estaba en el pico más alto de la zona. Esta fecha en la historia fue cuando el milagro del sol danzante tuvo lugar en Fátima, algo que podía verse desde muchas partes de Europa. Pensé no solamente en la conexión universal de los creyentes de hoy, también en cómo estamos conectados con todo el pueblo de Dios, incluyendo los que ahora están en el cielo. También me dio la oportunidad de reflexionar sobre el papel de María en el cristianismo. Antes de mi peregrinación, podía explicar teológicamente el papel de María, pero no estoy segura si mi cerebro y mi corazón estaban conectados. Mi peregrinación me ha llevado a muchos sitios donde ocurrieron apariciones marianas, y esa mañana, reflexioné sobre su papel.

Dios escogió a María para ser el instrumento, un templo para traer la salvación al mundo, ofrecido a través de Jesucristo. Dios podía haber elegido traer a Jesús a la tierra como un hombre de treinta años de edad, pero Dios no eligió ese camino. En cambio, Dios eligió utilizar a María, mediante el Espíritu Santo, que llevara un bebé dentro de ella. Ella crió a Jesús, y Él pasó sus primeros treinta años con ella antes de comenzar su ministerio. El milagro muy documentado por primera vez en la Biblia era un milagro que María pidió, en nombre de una novia y un novio. En la lectura de las Bodas de Caná, en el capítulo 2 de Juan, parece que Jesús está hablando con Su madre cuando dice, *"¿Qué quieres de mí, Mujer? Aún no ha llegado mi hora."* Pero la Biblia no fue escrita usando nuestro lenguaje moderno, y vemos esto sin ningún tipo de duda. María sabía que su hijo iba a solucionar el problema y le dijo a sus sirvientes que hiciesen lo que Él dijese. También hay que entender que Jesús no quería faltarle el respeto a María cuando la llamaba "mujer," y eso lo confirma el trato tan cariñoso que tuvo con su único hijo en su lecho de muerte, asegurándose que alguien cuidara de Su madre después de Su muerte. El autor de Juan, en el Capítulo 19, compartió el último intercambio entre Jesús, Su madre y Su discípulo querido antes de que muriese en la cruz. *Jesús, al ver a la Madre y junto a ella al discípulo que más quería, dijo a la Madre: "Mujer, ahí tienes a tu hijo." Después dijo al discípulo: "Ahí tienes a tu madre." Y desde aquel momento el discípulo se la llevó a su casa.* Así que se ve que el término de mujer era usado en forma de afecto, y que Jesús se preocupaba mucho por su madre y quería que fuera cuidada cuando Él no estuviera en la tierra.

En esos dos versos de la Biblia, podemos ver que María intercede en nuestro nombre a su hijo, y que ocupa un lugar especial en el corazón de su hijo. En las apariciones marianas aprobadas por la iglesia católica, María siempre está hablando sobre su hijo e intentando que la gente se acerque a Dios. Como resultado, hemos visto a miles de personas alejarse del pecado y acercarse a Dios. Además, los lugares de las apariciones marianas se han convertido en sitios de peregrinación y sus mensajes habitualmente transforman comunidades, países y aquellos a los que visitan estos lugares.

Esa noche llegué a mi albergue y comencé a instalarme cuando la mujer en la litera de al lado mío me dijo que nos habíamos conocido antes. No recordaba haberla conocido, pero ella me recordaba muy bien. Habíamos hablado una mañana en León durante diez minutos y compartí con ella el motivo por el cual estaba recorriendo el Camino. Le dije que estaba intentando descubrir la voluntad de Dios para mi vida, y ella inmediatamente me dijo que estaba recuperando su catolicismo en respuesta a mi historia. Ahora, mientras nos sentábamos en el albergue hablando, sabía que la barrera que había puesto entre nosotros cuando hablamos en León no la puso de corazón. Sabia que si yo hubiese querido evitar a alguien, no entablaría conversación con alguien ni le recordaría que ya nos habíamos conocido antes. Fui a la tienda y a la farmacia antes de ir a Misa. Cuando entré a la iglesia, la vi sentada en el banco de atrás. Decidí sentarme al lado de ella y me invitó a cenar con ella, lo que acepté. Abandonó la Misa antes de que comenzara. Me alimenté gracias a la Misa y luego fui a reunirme con ella para la cena.

Compartí con ella mi historia en el Camino por la mañana, andando por la montaña rezando con el rosario y viendo cómo el brillante sol se alzaba, recordándome el Milagro de Fátima. Luego la mujer me comentó que cuando era una niña, el mensaje de Fátima tuvo mucho impacto en ella, sin saber el motivo, y que siempre había amado a María. En este punto, parecía que yo ya debería entender que Dios funciona de una misteriosa manera. Cuando dejamos que nos use, eso es lo que hace. Pero una vez más, Dios me sorprendió por completo. En el pasado, cuando he hablado con gente que alguna vez fue católica, me comentaban que uno de sus problemas era la forma en que la iglesia homenajeba a María. La historia que Dios hizo que compartiera con esta mujer nos permitió iniciar el tema de conversación de la cena desde un terreno neutral.

La conversación era otro regalo de Dios. Ambas compartimos historias de nuestra vida y nos escuchamos con amor verdadero. Después de un rato sentí la llamada de preguntarle el motivo por el cual se había definido como una católica en recuperación. Se abrió conmigo y compartió la historia del dolor por el cual había abandonado la fe. Después de un rato, otra mujer con quien había sentido la llamada de hablarle durante el viaje, dejó su mesa y se unió a la nuestra. Las tres estuvimos en el restaurante hablando sobre la fe y nuestras vidas durante horas, y estuvimos a punto de pasarnos del tiempo límite de entrada en el albergue. Esta fue una de las grandes conversaciones de las que Dios me permitió ser parte a lo largo del Camino. Sé que Dios me había utilizado para poner un poco de agua en las semillas del corazón de esas mujeres (que Él ya había plantado hace tiempo a través de otras personas). Pude ver que las dos mujeres tenían sed de Dios, aunque no eran muy conscientes de que le estaban buscando. No volví a ver a ninguna de las mujeres después de esa noche, pero estoy segura de que Dios seguirá colocando gente en sus vidas y que ambas volverán a Él, a Su amor y a Su iglesia.

Escritura de Meditación: 1 Corintios 3:5-9

¿Que es Apolo? ¿Qué es Pablo? Son servidores que recibieron de Dios dones diferentes, y por medio de los cuales ustedes llegaron a la fe. Yo plante, Apolo rego, pero el que hizo crecer fue Dios. De modo que el que planta no es algo, ni tampoco el que riega, sino Dios que hacer crecer. El que planta y el que riega están en la misma situación, y Dios pagara a cada uno según su trabajo. Nosotros trabajamos con Dios y para él, y ustedes son el campo de dios y la construcción de Dios.

Reflexión:

Dios ha usado a mucha gente para poner las semillas de la fe en mi vida. ¿Cuáles han sido algunas de esas semillas?

¿De qué manera ha usado Dios a María para poner las semillas de la fe en mi vida?

¿Cómo puedo ayudar a regar las semillas de la fe de otras personas a mí alrededor?

Como una persona que ha pasado bastantes años enseñando religión a niños y adolescentes, le puedo decir que hago todo lo que puedo para asegurarme de que planto las semillas de la fe. De la misma manera, con las conversaciones con amigos y en las redes sociales, intentó regar las diferentes semillas que fueron plantadas hace mucho tiempo por otra persona. Pero no importa la cantidad de semillas que plante o riegue, solamente Dios puede hacer que la semilla reaccione al agua y permita a la persona crecer. Del mismo modo, toda buena planta o agua que le de a alguien, viene de Dios.

Lección 35:

Mientras bajaba por una cuesta muy inclinada, podía sentir el dolor, especialmente en mis rodillas, y me di cuenta de lo importante que las rodillas eran para todo mi cuerpo. En este viaje noté varias partes de mi cuerpo más de lo normal, nunca me había dado cuenta de cuánto ignoraba mi cuerpo. Para andar, no sólo necesito mis piernas y pies, sino también mis rodillas, mis dedos, mis caderas y mis tobillos por mencionar unas cuantas partes. Creo que ocurre lo mismo en nuestra iglesia: nunca nos damos cuenta de qué miembros ignoramos hasta que faltan.

En nuestra iglesia, normalmente reconocemos al pastor, pero no reconocemos a la persona a cargo del sistema de sonido que nos permite escuchar las palabras de nuestro pastor. Reconocemos la voz del presentador que presenta un retiro espiritual, pero no reconocemos al comité que ha organizado el retiro. Solamente cuando el micrófono hace un ruido muy elevado, nos damos cuenta de que el encargado de sonido está ausente. Todos tenemos un papel a desempeñar en la comunidad de nuestra iglesia, y si uno de nosotros falta, a la comunidad le falta algo, ya sean los regalos del tiempo, talento o dinero.

Mi licenciatura es la de gestión de emergencias, y durante el Huracán Katrina serví como gestora de refugio durante treinta días hasta que lo cerramos. Cada mañana el periódico local me saludaba antes de las 6:00 a.m. para las últimas novedades del refugio y para la historia del día. Además venían muchos medios regionales para obtener historias, así como un equipo de noticias internacional de Alemania. Los medios siempre me querían entrevistar para la historia principal y entrevistar a algunos de los sobrevivientes en busca de sus historias personales. Aunque era una voluntaria del refugio que siempre estaba en el foco de atención, la realidad es que tuvimos más de mil doscientos voluntarios en un periodo de treinta días, apoyando al refugio con talento y tiempo. También teníamos un grupo de personas apoyando el refugio con su dinero.

Ninguna organización o negocio que tenga un impacto global puede funcionar con solamente una persona a no ser que sea Dios. Hace falta que mucha gente use sus habilidades a la vez para servir a un objetivo global. Dios no nos necesita, pero ha elegido usarnos, y a lo largo del tiempo, le hemos visto trabajando con grupos de personas y no solamente con una persona, aunque Dios claramente elige un el líder. Cuando Jesús vino a establecer el Reino de Dios en la tierra, eligió doce apóstoles, pero también trajo setenta y dos discípulos. Al igual que en los tiempos bíblicos, los cristianos de hoy en día tienen la opción de servir lado a lado con sus hermanos y hermanas en Cristo para trabajar en el viñedo de Dios.

Cuando damos nuestro tiempo, talento y dinero para servir a Dios y la iglesia, tenemos que hacerlo por esa razón: para servir a Dios y la Iglesia. Nunca tenemos que esperar reconocimiento ni elogios de nuestro Pastor, ya que simplemente es un regalo de Dios. Cuando éramos niños, algunos de nosotros aprendimos a escribir notas de agradecimientos al recibir regalos, pero las notas de agradecimiento no deberían ser esperadas. Cuando se espera una nota de agradecimiento, el regalo no es verdaderamente un regalo. Por favor, entienda que no estoy en contra de las notas de agradecimientos o de que los padres enseñen a sus hijos a ser educados. Un regalo verdadero se da sin ninguna condición, lo que significa que no esperamos nada a cambio. Mucha gente se enfada cuando no recibe notas de agradecimiento después de hacer regalos. Cuando damos los regalos del tiempo, talento o dinero, lo tenemos que hacer con el corazón puro, sin motivos ocultos ni deseos que no estén relacionados con el amor. Creo que todos podemos reconocer a quienes sirven con amor. Ojalá todos podamos servir con amor y usar los regalos recibidos para servir.

Escritura de Meditación: 1 Corintios 12:4-27

Hay diferentes dones espirituales, pero el Espíritu es el mismo. Hay diversos ministerios, pero el Señor es el mismo. Hay diversidad de obras, pero es el mismo Dios quien obra todo en todos. La manifestación del Espíritu que a cada uno se le da es para provecho común. A uno se le da, por el Espíritu, palabra de sabiduría: a otro, palabra de conocimiento según el mismo Espíritu; a otro, el don de la fe, por el Espíritu; a otro, el don de hacer curaciones, por el único Espíritu; a otro, poder de hacer milagros; a otro, profecía; a otro, reconocimiento de lo que viene del bueno o del mal espíritu; a otro, hablar en lenguas; a otro, interpretar lo que se dijo en lenguas. Y todo esto es obra del mismo y único Espíritu, que da a cada cómo quiere. Las partes del cuerpo son muchas, pero el cuerpo es uno; por muchas que sean las partes, todas forman un solo cuerpo. Así también Cristo. Hemos sido bautizados en el único Espíritu para que formáramos un solo cuerpo, ya fuéramos judíos o griegos, esclavos o libres. Y todos hemos bebido del único Espíritu. Un solo miembro no basta para formar un cuerpo, sino que hacen falta muchos. Supongan que diga el pie: "No soy mano, y por lo tanto yo no soy del cuerpo." No por eso deja de ser parte del cuerpo. O también que la oreja diga: "Ya que no soy ojo, no soy del cuerpo." Tampoco por eso deja de ser parte del cuerpo. Si todo el cuerpo fuera ojo, ¿Cómo podríamos oír? Y si todo el cuerpo fuera oído, ¿Cómo podríamos oler? Dios ha dispuesto los diversos miembros colocando cada uno en el cuerpo como ha querido. Si todos fueran el mismo miembro, ¿Dónde estaría el cuerpo? Pero hay muchos miembros, y un solo cuerpo. El ojo no puede decir a la mano: "No te necesito". Ni tampoco la cabeza decir a los pies: "No los necesito". Aún más, las partes del cuerpo que parecen ser más débiles son las más necesarias, y a las que son menos honorables las tratamos con mayor respeto; cubrimos con más cuidado las que son menos presentables, mientras que otras, más nobles, no lo necesitan. Dios, al organizar el cuerpo, tuvo más atenciones por lo que era último, para que no se dividiera el cuerpo; todas sus partes han de tener la misma preocupación unas por otras. Si un miembro sufre, todos sufren con él; y si un miembro recibe honores, todos se alegran con él. Ustedes son el cuerpo de Cristo y cada uno es su lugar es parte de él.

Reflexión:

¿Con qué regalos de tiempo, talento y dinero contribuyo a Dios y de qué manera lo hago?

¿Qué papel juego en la comunidad de mi iglesia?

¿Alguna vez estoy celoso de los roles de los demás?

En el Camino me di cuenta y aprecié cada una de las partes que forman mi cuerpo. Cuando una parte del cuerpo no funcionaba como debía, otro miembro del cuerpo trabajaba mejor. Cuando bajaba la montaña haciéndome daño en las rodillas, me di cuenta de que mis brazos eran capaces de aliviar parte del dolor asumiendo parte del peso con bastones para caminar. Cuando veo alrededor de mi iglesia, veo que mucha gente trabaja junta para servir a Dios y Su misión aquí en la tierra. De la misma manera, cuando un miembro de la comunidad se tambalea, el cuerpo no se cae, ya que los demás miembros se acercan rápidamente para ayudar al miembro hasta que este puede volver al servicio. Somos un cuerpo en Cristo, y nunca estaremos solos.

Lección 36:

Muchos de los negocios en los pueblos junto al Camino existen únicamente gracias a los peregrinos. Muchos de los propietarios de los negocios con los que me encontré a lo largo del Camino tenían corazones de sirvientes, y cobraban precios justos por sus servicios, como si fuera parte del ministerio en vez de un negocio. Por supuesto, existía otra gente que operaba su negocio para hacer dinero. Si podían ofrecer algo a un peregrino y hacer dinero con ello, lo hacían. Además de varias provisiones que podrían hacer mi experiencia más fácil, también vi algunos folletos ofreciendo transportar las mochilas para los caminantes.

El primer día, mientras caminaba a través de los pirineos franceses bajo la lluvia, la aguanieve y el viento, sentí el dolor en todo mi cuerpo. Luego recé y acepté esa pequeña cruz. Un segmento del diario en mi segunda noche del camino dice, "Cuando me acuesto en la cama, siento el dolor. Después de andar el camino, es como si mi cuerpo se apagase y me convirtiera en una mujer de noventa y cinco años. Otros peregrinos mandan sus bolsas en autobús de un pueblo a otro, y uno de ellos, al ver lo lento que subía las escaleras, me dijo que debería hacerlo. Uno de los hermanos con los que estaba andando me dijo que no lo hiciese, y le dije que tendría que esperar a ver lo que Dios decía." La razón por la que el hermano me dijo que no lo hiciese (y estuve de acuerdo) es debido a que lo veía como un verdadero peregrinaje, y quería ofrecer cualquier dificultad a Dios. Mientras subía las escaleras muy lentamente, me preguntaba si podría recorrer todo el Camino. Mi diario continúa, "La lectura de la primera Misa comenzó, '*Con la paciencia obtenida en el viaje, la gente se quejaba de Dios y Moisés,*' e inmediatamente después de oír estas palabras, sabía que debía llevar mi bolsa y ofrecérsela al Señor." Y qué ironía, ¡esto ocurrió en la fiesta de la exaltación de la cruz!

Esta era la parte inicial del Camino, y si otros peregrinos elegían mandar sus mochilas al siguiente pueblo mediante transporte, eso no me importaba, ya que cada uno anda el Camino a su manera. Cuando me acercaba al final, durante los últimos cien kilómetros, empecé a fijarme en todas las señales, no solamente de los albergues, también de los servicios de transporte y de taxi. La mayoría de los peregrinos del Camino solamente hacen los últimos cien kilómetros, ya que muchos de ellos no tienen el tiempo o la salud necesarios para hacer todo el Camino. Muchos hospitaleros del Camino se referían a los peregrinos que solamente hacían la parte final del Camino como turistas, diciendo en broma que eran "Los peregrinos con pequeñas bolsas y grandes conchas." Muchos de esos turistas peregrinos, al igual que yo, no tenían ningún entrenamiento físico. El dolor de andar con la mochila todo el día les sorprendió. . Las compañías que ofrecían servicios de taxi o transporte de mochilas jugaban con el hecho de que los humanos buscamos la salida fácil. No estamos condicionados al dolor, y en realidad, aprendemos a escapar del dolor.

Aunque tenemos el instinto natural de buscar la salida fácil, los tiempos difíciles y los desafíos son los que crean carácter. Si elegimos la salida fácil para los desafíos que enfrentamos, nuestro carácter no estará listo para ellos. Sin embargo, si nos enfrentamos a los desafíos, nuestro carácter tendrá la habilidad de enfrentarse a situaciones difíciles. Podía haber justificado el mandar mi mochila por mis lesiones, pero el hecho de seguir andando con mi mochila fortaleció mi fe en Dios y mi poder de voluntad. Si siempre tomamos la salida fácil, perderemos oportunidades de oro.

Escritura de Meditación: Mateo 16:24

Entonces dijo Jesús a sus discípulos: "El que quiera seguirme que renuncie a sí mismo, cargue con su cruz y me siga.

Reflexión:

¿Qué cruces tengo problemas en aceptar hoy en día?

¿Cómo respondo habitualmente cuando me enfrento a una cruz?

La próxima vez que se enfrente a un desafío, le recomiendo que abrace el desafío y no tome la salida fácil. Puede ver ese desafío como una oportunidad de Dios para crecer y aprender. Tomar la salida fácil puede parecer que está bien al principio, pero no le ayudará en su vida posterior.

Lección 37:

No fue una coincidencia que durante mis cuarenta días en el Camino, atendiera a tres diferentes Misas de funeral, ya que el Camino de Santiago es conocido como el mayor cementerio del mundo. Después de haber asistido a mi tercera Misa de funeral, pensé sobre mi peregrinaje y las gracias que Dios me estaba otorgando.

La primer parte de mi viaje fue mayormente demandante físicamente y estaba rezando constantemente para encontrar la fuerza a través de Dios. Fue durante esa parte cuando ofrecí a Dios eso como un pequeño pago por mis pecados y como un regalo de mi amor. Jesús había llevado la cruz por mí, y ahora yo llevaba una cruz mucho más pequeña por Jesús. Cada día mientras andaba y rezaba, pensaba en lo pequeño que era mi sacrificio en comparación de todos mis pecados. Durante la parte media del Camino, las montañas que demandaban un buen físico se esfumaron, y con ellas, todos los pensamientos de mis pecados. Mientras andaba no pensaba sobre mi pasado o futuro, simplemente iba en silencio. Me había retraído a en mi interior, pasaba el tiempo apartada de los demás y centrada en escuchar a Dios. Entonces cuando mi peregrinaje se acercó a su final, empecé a tener pensamientos sobre mi futuro. ¿Qué haría al llegar a Santiago? ¿Qué haría después de Santiago? ¿Qué haría con mi carrera al volver a los Estados Unidos? ¿Dónde viviría? ¿Qué pasaría con mi vocación? ¿Estoy mas cerca hacia donde quiero ir? Todos esos pensamientos y muchos más vinieron a mi cabeza, y pasaba tiempo hablando con Dios sobre cada una de esas preguntas para saber qué es lo que debería hacer.

Después asistí a mi tercer Misa funeral en la última parte del viaje, y entendí claramente que no tengo un mañana prometido. El verso de la Biblia que había leído en adoración en Santo Domingo, lo cual me había hecho sentir un acto de humildad, ahora volvía a mí en otro contexto. Pensé en el hombre que había construido graneros para almacenar sus riquezas y que murió esa misma noche. Deberíamos mirar al futuro para ver cómo podemos utilizar de la mejor manera los regalos que Dios nos ha dado para ser mejores administradores de los recursos que tenemos. También tenemos que darnos cuenta de que no viviremos para siempre. Para mí, parte de esta experiencia es ser consiente que lo que verdaderamente tenemos que planear para el futuro es entrar en el cielo. El futuro no trata sobre en qué casa viviremos o cuánto dinero tendremos, ya que esos detalles muchas veces nos engañan. El funeral de esa noche fue un buen recordatorio para planear lo eterno y no lo temporal. No tenemos ni idea de la duración de nuestras vidas en la tierra, pero sabemos que nuestra vida eterna será para siempre, y ojalá sepamos dónde queremos pasar la eternidad. Después de todo, ¡solamente hay dos opciones!

Escritura de Meditación: Lucas 12:20-21

"Pero Dios le dijo: "¡Pobre loco! Esta misma noche te van a reclamar tu alma. ¿Quién se quedara con lo que has preparado?" Esto vale para toda persona que amontona para sí misma en vez de acumular para Dios."

Reflexión:

¿Sobre qué pienso cuando planeo el futuro?

¿Que me preocupa y cómo puedo entregárselo a Dios?

¿Qué futuro estoy planeando: la jubilación o el cielo?

Me encanta la Misa, pero tengo un lugar especial en mi corazón para las Misas bautismales y los funerales. En una Misa bautismal, como comunidad, nos levantamos y retomamos nuestro juramento bautismal, pero también estamos de acuerdo en ser una comunidad para ayudar a criar hijos. Luego también somos una comunidad cuando vamos a una Misa de funeral para celebrar la vida de una persona, así como decir adiós a su cuerpo, el tabernáculo en el que llevó el Señor. Es en estas dos Misas cuando recuerdo que todos estamos unidos y el motivo por el cual estamos en la tierra. En la Misa bautismal recuerdo mi promesa a Dios, y en la Misa del funeral, recuerdo que puedo morir en cualquier momento. Por eso, siempre existe una urgencia de cumplir constantemente con mi promesa bautismal.

Lección 38:

Mi tiempo en el Camino estaba llegando a su fin, estaba llegando al pueblo donde pasaría mi última noche en el Camino antes de llegar a Santiago el siguiente día. Cuanto más me acercaba a Santiago, más me daba cuenta que la experiencia enriquecedora con la que Dios había mejorado mi vida estaba llegando a su fin. Tenía emociones encontradas entre la emoción de poder ver y hablar con mi familia y amigos otra vez, y la tristeza de que un bonito capítulo de mi vida estaba llegando a su fin.

Cuando me acercaba a la ciudad por el sendero de árboles, una mariposa se movía a mi derecha mientras andaba. La mariposa, los árboles y la belleza natural simbolizaban la maravillosa experiencia que había vivido con Dios. A mi izquierda oía el ruido de la autopista que pasaba a unos diez pies de mí. La autopista, construida por el hombre, simbolizaba el ruido del que había escapado durante mi peregrinación y las distracciones reales a las que me tendría que enfrentar al acabar mi peregrinaje.

En el último monasterio en el que me alojé, recuerdo el haber pensado sobre los santos que vinieron de comunidades religiosas. Los santos que miré pertenecían todos a comunidades religiosas. Algunos santos habían elegido una vida de solteros y otros de casados, pero para mí, todos los santos que me habían ayudado a crecer espiritualmente a través de sus escritos habían elegido la vocación de la religión consagrada. No pienso que la mayoría de la gente que elija esta vida sea más santa que la gente que se casa o tiene una vida de soltero comprometida, pero pienso que los que eligen este tipo de vida a la larga tienen más facilidades para crecer espiritualmente que las personas que se han comprometido a una vida de solteros o casados. Como personas religiosas, asisten diariamente a Misa, participan múltiples veces en oraciones grupales y hacen tiempo para la reflexión, meditación y oración en silencio, permitiendo que crezca su fe. Es más fácil en el mundo de la vida religiosa perseguir a Dios constantemente, ya que el horario establecido les ayuda a hacer precisamente eso. Por otra parte, una persona casada o soltera comprometida puede elegir hacer todo lo que una persona religiosa puede hacer, pero tiene que elegir hacerlo a diario. Desafortunadamente, a veces no tienen el apoyo que una comunidad religiosa puede dar.

En mi viaje fui capaz de asistir a Misa más frecuentemente de cuando tenía una carrera. Leía las escrituras con más frecuencia y participé en oraciones vísperas y matutinas por primera vez en mi vida. Tuve más tiempo de silencio que en cualquier otro momento de mi vida. Pronto volvería al mundo real y tendría que trabajar para evitar el ruido de la vida, como el de la autopista que estaba intentando distraerme. Había disfrutado del silencio y del tiempo para acercarme a Dios que había recibido en mi peregrinaje. Creo que mi experiencia podría ser definida como un hábito de cuarenta días por los expertos. Esperaba que la oración y el silencio continuaran al llegar al mundo que nos bombardea con su ruido. Muchas veces asistimos a un retiro o a un taller para poder vivir en un momento alto de espiritualidad, exactamente igual que en mis momentos altos en el Camino, y estamos preparados para recuperar nuestras vidas. Con el tiempo, esos momentos largos decaen, y pronto nos damos cuenta de que no somos mejores que antes. Queremos que los retiros sean parte de nuestra vida diaria, así como hacer mini retiros constantes durante el día para mantener la espiritualidad por todo lo alto.

Crear nuestro retiro diario no es muy difícil, pero si lo vamos hacer, tenemos que comprometernos. Quizás antes de darnos nuestra ducha matutina, podamos pasar un poco de tiempo rezando o leyendo un capítulo de la Biblia. Luego durante el descanso de almuerzo, podemos escapar del resto de la gente para rezar y hacer trabajo espiritual de meditación. Al final de la jornada diaria, podemos sentarnos en nuestros coches y meditar sobre cómo vemos a Dios trabajando en nuestras vidas durante el día. Cuando estemos listos para ir a la cama, podríamos agradecerle a Dios, examinar nuestra consciencia y rezar por la gracia de Dios para superar nuestros errores. Cada uno de estos mini retiros toma menos de quince minutos, pero podría tener un gran impacto. También podríamos intentar buscar tiempo para asistir a la Misa diaria, asistir a adoración o incluso rezar en la Liturgia de las Horas ante el tabernáculo. Para hacer que estos mini retiros sean una realidad, todo lo que tenemos que hacer es reducir el ruido, apagar nuestros teléfonos, y dejar nuestras mentes libres para Dios.

He sido verdaderamente bendecida ya que he podido escuchar la palabra del Espíritu Santo durante mi peregrinaje más que en toda mi vida, y eso no fue debido a que de repente el Espíritu Santo empezó a hablarme. Esto fue debido a que le di al Espíritu Santo la oportunidad de hablarme mediante el silencio, y yo estaba escuchando. Eso es algo que quiero mantener. Ha sido maravilloso ver al Espíritu Santo trabajar para mí y atreves de mí, y haré lo que sea para mantener este peregrinaje vivo en mí.

Escritura de Meditación: Lucas 10:38-42

Siguiendo su camino, entraron en pueblo, y una mujer, llamada Marta, lo recibió en su casa. Tenía una hermana llamada María, que se sentó a los pies del Señor y se quedó escuchando su palabra. Mientras tanto Marta estaba absorbida por los muchos quehaceres de la casa. En cierto momento Marta se acercó a Jesús y le dijo: "Señor, ¿no te importa que mi hermana me haya dejado sola para atender? Die que me ayude." Pero el Señor le respondió: "Marta, Marta, tu andas preocupada y te pierdes en mil cosas: una sola es necesaria. María ha elegido la mejor parte, que no le será quitada."

Reflexión:

¿Qué distracciones me alejan de Dios?

¿Qué estoy dispuesto a hacer para conseguir esos mini retiros a lo largo del día para mantener mi espíritu alto?

Si pudiera crear un horario diario con oportunidades para estar conectado con Dios, ¿Cómo seria?

Me encanta la historia de María y Marta, ya que pienso que todos tenemos una gran parte de Marta en nosotros. Somos servidores y tenemos que aprender a relajarnos y centrarnos en lo más importante. Tenemos que dejar las distracciones de decisiones a un lado mientras que simplemente nos sentemos con el Señor. Si nunca encontramos tiempo para sentarnos con el Señor, ¿cómo sabremos su voluntad en relación a nosotros?

Lección 39:

Ya llevaba treinta días con dolor en la ingle, lo que creaba un dolor constante. Cada subida y bajada dolía. Solamente podía dar pequeños pasos, y cada vez eran más pequeños. Pasé de andar de cuatro a seis kilómetros por hora, dependiendo el terreno, a solo dos kilómetros y medio por hora en terreno llano. El doblar mi pierna para vestirme y desvestirme, y para meterme y salir del saco de dormir, era horrible. Como ya he dicho antes, Dios me había dado la gracia y la fuerza para seguir andando y cada día llevaba una mochila de veintisiete libras. Así que en el día treinta y nueve, llegué al albergue después del día más exigente físicamente, ya que cada día que caminaba, el dolor iba a peor. Llegué a un pueblo que estaba a unos veinte kilómetros de Santiago, y una chica alemana que había conocido hacía unas cuantas noches me saludó y me enseñó el albergue donde ella se alojaba. Me duché, colgué mi ropa y fui a la cama para elevar mi pie. Estaba debajo de las sabanas, porque tenia mucho frio. Estaba un poco enferma, y la lluvia de los pasados días me había mantenido fría.

Había visto un folleto que decía que el pueblo ofrecía una Misa a las 6:30 p.m., pero no vi la iglesia de camino al albergue y el hospitalero no hablaba inglés. En mi cabeza tenía la excusa de que había ido a Misa el día anterior y que al día siguiente ya habría llegado a Santiago para asistir a Misa, así que me podía saltar la cena y Misa y quedarme en la cama. Luego pensé, "No," la única razón por la que había crecido junto a Dios era gracias a la Misa, y nada me acercaba más a Dios que la Misa. Así que me levanté, me puse mi chaqueta y salí del albergue. Cuando salí estaba lloviendo y me puse la excusa de que ya estaba mala y que seguramente me podría poner peor. Me dije a mí misma que seguramente debería volver a la cama. Así que me di la vuelta y entré, donde me dije que eso solamente era otra excusa. Agarré el chubasquero, me lo puse sobre mi chaqueta y fui nuevamente en dirección a la puerta. Paré en el restaurante para preguntar por la iglesia. El compañero señalo hacia la parte baja de la colina hablando en español. Así que empecé a ir cuesta abajo hacia la dirección que me habían señalado. El dolor era enorme y no veía ninguna iglesia. Mientras me alejaba del albergue, cada vez pensaba más en tener que subir la colina. Así que me busqué mi tercera excusa, no veía la iglesia, estaba cansada y con dolor. Luego eliminé ese pensamiento de mi mente, paré un tractor y pregunté, "¿Dónde está la Iglesia?" El conductor señalo en la dirección contraria, y di una buena caminata hasta la iglesia.

Tan pronto como entre en la iglesia, me arrodillé para rezar. Me di cuenta de que esas excusas eran del diablo, estaba intentando hacer que no asistiera a Misa. Unas diez noches atrás, había hablado con el chico de Texas y su padre, su padre comento que cuanto más cerca estábamos de Santiago, la pelea espiritual que vivíamos era mayor, ya que el diablo no quiere que acabemos nuestro peregrinaje para aumentar nuestra fe y ayudar a los demás. Sonreí, sabiendo que había sobrepasado a estas pequeñas pero muy reales tentaciones para no asistir a Misa. La Misa era en italiano, pero lo que escuché durante la homilía es que mucha gente iba al Camino para andar rápido, sacar fotos o coger estampitas, pero se olvidaban de la razón más importante del Camino, la Misa. Cuando dejé la iglesia esa noche, sentí que daba pasos mucho más amplios y que la ingle no me dolía tanto como lo hacía solamente una hora antes. Sonreí, sabiendo lo bueno que era Dios y que me había sobrepasado a todas las tentaciones que se me presentaron. Le di literalmente a Dios la mano en el aire y me sentí muy conectada con Dios, fue un momento precioso para mí.

Escritura de Meditación: Mateo 4: 1-11

El Espíritu condujo a Jesús al desierto para que fuera tentado por el diablo, y después de estar sin comer cuarenta días y cuarenta noches, al final sintió hambre. Entonces se le acerco el tentador y le dijo: "Si eres Hijo de Dios, ordena que estas piedras se conviertan en pan.": Pero Jesús le respondió: "Dice la Escritura: El hombre no vive solamente de pan, sino de toda palabra que sale de la boca de Dios." Después el diablo lo llevo a la Ciudad Santa y lo puso en la parte más alta de la muralla del Templo. Y le dijo: "Si eres Hijo de Dios, tírate de aquí abajo, pues la Escritura dice: Dios dará órdenes a sus ángeles y te llevaran en sus manos para que tus pies no tropiecen en piedra alguna." Jesús replicó: "Dice también la Escritura: No tentaras al Señor tu Dios. A continuación lo llevo el diablo a un monte muy alto y le mostro todas las naciones del mundo con todas sus grandezas y maravillas. Y le dijo: "Te daré todo esto si te arrodillas y me adoras." Jesús le dijo: "Aléjate, Satanás, porque dice la Escritura: Adoraras al Señor tu Dios y a él solo servirás." Entonces lo dejo el diablo y se acercaron los ángeles a servirle.

Reflexión:

Mirando a mi vida, ¿cuándo tuve un enfrentamiento espiritual?

¿Qué tentaciones me ha puesto el diablo hoy?

¿Pienso que alguna vez Dios dejará que el diablo me ataque por encima de mis límites?

Llegué a pensar eso cuando estaba eligiendo vivir una vida apartada de Dios, ya que el diablo no tenía que preocuparse sobre mi alma. Ya estaba haciendo bastante daño sin que el diablo tuviera que mover un solo dedo. Pero cuando decidí conscientemente vivir mi vida para Dios y me dediqué a cumplir su voluntad, me di cuenta de que el diablo se interesó en mí y empezó a venir hacia mí. Algunas veces, el diablo venía en una forma que podía reconocer, y en otras ocasiones, no había sido capaz de reconocerlo. Esta es la razón por la que siempre tenemos que estar en guardia y estar cerca de Jesús, para evitar que el diablo nos tienda trampas. Las tres excusas parecían muy pequeñas e insignificantes, pero fue una gran victoria espiritual para mí. ¿Qué victorias espirituales en tu vida tienes que celebrar con Dios?

Lección 40:

La expectación crecía con cada paso que daba en mi último día hacia Santiago. Al llegar a la catedral, entré y caminé a lo ancho de la catedral histórica y busque un cura para confesarme. Me había confesado cuarenta y dos días atrás en Lourdes, pero en el Camino había estado pensando sobre los fallos y los pecados que había cometido. Y aunque ya había confesado previamente mis pecados, descubrí que no había permitido que la gracia de Dios me perdonara realmente, ya que era incapaz de aceptar su perdón. Ninguno de los curas hablaba inglés, y mi corazón se hundió. Entré en la capilla secundaria, donde estaba teniendo lugar la Adoración de nuestro Señor, y me arrodillé para rezar. Había encontrado la paz en el Camino pero deseaba confesarme para poder aceptar todo el amor y la absolución de Dios mediante el Sacramento de Reconciliación. Fue entonces cuando decidí escribir todos mis pecados mientras rezaba en la Adoración. Luego busqué un lugar con una conexión a Internet para poder traducir mi confesión a español y poder así volver y ser confesada.

Después de escribir todos mis pecados, me arrodillé como el recaudador de impuestos en Lucas 18:10-13. *Dos hombres subieron al templo a orar. Uno era fariseo, y el otro publicano. El fariseo, puesto de pie, oraba en su interior de esta manera: "Oh Dios, te doy gracias porque no soy como los demás hombres, que son ladrones, injustos y adúlteros, o como ese publicano... Ayuno la décima parte de todas mis entradas." Mientras tanto el publicano se quedaba atrás y no se atrevía a levantar los ojos al cielo, sino que se golpeaba el pecho diciendo: "Dios mío, ten piedad de mí, que soy un pecador."*

Después de esto me sentía mejor, así que abandoné la iglesia para buscar una conexión a Internet y me encontré con una iglesia detrás de la catedral. A diferencia de la Catedral, esta iglesia estaba vacía y me dispuse a rezar a solas. Después de una hora, una monja entró y comenzó a preparar el altar. Me hizo señas de que cogiera un libro, así que fui y agarré dos para participar en las vísperas nocturnas. Llamaron al timbre, y unas cuarenta monjas empezaron a tomar su asiento a ambos lados del altar. Esa noche, las vísperas nocturnas fueron preciosas. Fue mi primera vez operando una Liturgia de las Horas, y aunque fue en español, fui capaz de seguirla usando los dos libros. Después de las vísperas nocturnas, las monjas dejaron la iglesia y yo me arrodillé para rezar y empecé a llorar. Había comenzado originalmente el peregrinaje para descubrir la vocación que Dios quería para mí, y aunque escuchaba a Dios hablarme sobre muchos asuntos, no me había dicho su voluntad para mi vocación. El peregrinaje me había proporcionado muchos mensajes mezclados sobre que vocación seguir, y había descubierto que la voluntad y el horario de Dios son mejores que ningún plan que pudiera hacer. Así que acepté que tendría que esperar hasta que Él estuviera listo para mí. No estaba llorando por no saber mi vocación, lo hacía porque no me lo merecía. Dios me había dado muchos regalos y oportunidades, pero yo había fallado. Había elegido deliberadamente cosas que estaban en contra de Dios, pero Él me seguía levantando y llevándome a nuevos niveles. Sabía que la sensación de no ser merecedora no venía de parte de Dios, y yo sabía lo que tenía que hacer.

Volví a la Catedral, fui a la puerta de la sacristía y empecé a preguntar a todos los sacerdotes que salían, "¿Habla English?" Debía parecer desesperada con las lágrimas en mis ojos, ya que al final un miembro de la sacristía me reconoció del día anterior y me hizo señas que entrara. Un sacerdote norteamericano vino y dijo que estaría feliz de escuchar mi confesión. Fuimos a la esquina del confesionario, me arrodillé mirando hacia él y comencé con mi confesión, y no fui capaz de contener las lágrimas. Las luces de la Catedral se estaban apagando, pero el Padre se quedó allí, y fue una confesión maravillosa. Al final estaba lista para recibir el perdón de Dios por mis fallos en el pasado, y luego ocurrió algo inesperado. Después de compartir con el sacerdote todo lo que pesaba en mi corazón, me volvió a ofrecer el perdón de Dios, y una vez más, Dios me habló. A través del sacerdote, Dios me mostró el siguiente paso.

Lo que el sacerdote compartía conmigo hizo que las demás señales enviadas por Dios tuvieran sentido. Supe que después de abandonar el peregrinaje, mi objetivo sería el de evangelizar a la gente de Dios. El Señor nos ha llamado a cada uno de nosotros para reconstruir Su iglesia. San Francisco de Asís respondió a esa llamada hace ochocientos años, y nosotros también tenemos que decidir si queremos responder a esa llamada. Hay muchas maneras de reconstruir Su iglesia, y cada uno de nosotros debe usar los regalos que nos han sido dados para reconstruir Su iglesia. Les invito, amigos míos, a que hagan su última reflexión sobre pasar más tiempo rezando preguntándole a Dios donde les quiere y cómo pueden ayudar a reconstruir Su iglesia. Que Dios les bendiga y guíe todos los días de sus vidas.

FRANCE
ST. JEAN
PIED DE
PORT
SPAIN
SANTIAGO DE COMPOSTLA
PAMPLONA
BURGOS
LEON
SAMOS
LOGRONO
SAHAGUN

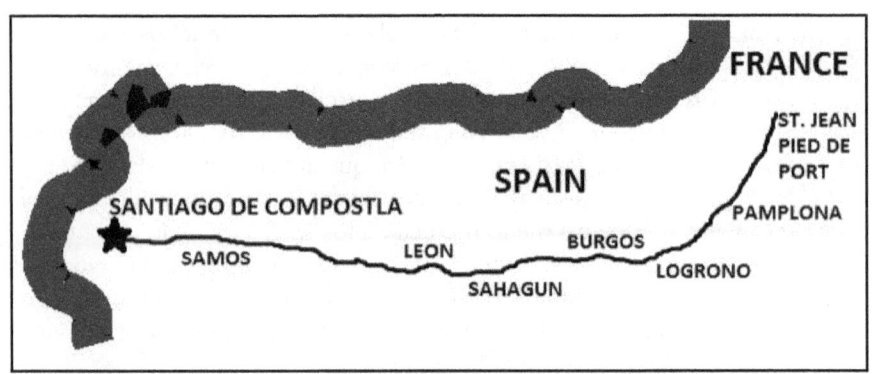

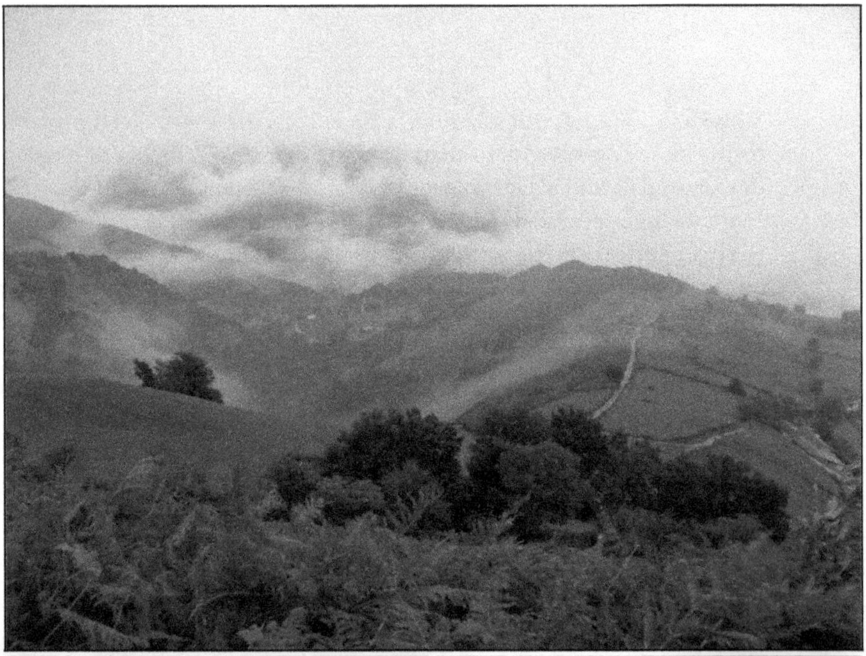

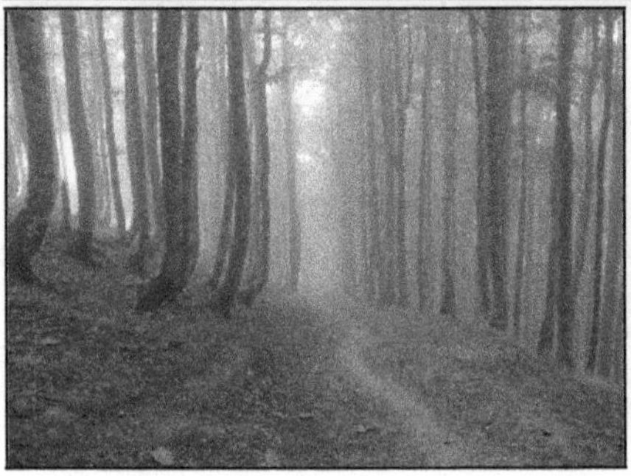

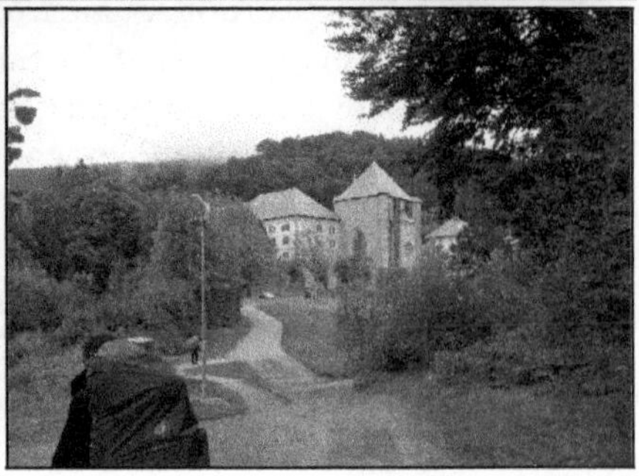

Página 127

Escritura de Meditación: Salmo 23

El Señor es mi pastor, nada me falta; en verdes pastos el me hace reposar. A las aguas de descanso me conduce y reconforta mi alma. Por el camino del bueno me dirige, por amor de su nombre. Aunque pase por quebradas oscuras, no temo ningún mal, porque tú estás conmigo con tu vara y tu bastón, y al verlas voy sin miedo. La mesa has preparado para mi frente a mis adversarios, con aceites perfumas mi cabeza y rellenas mi copa. Irán conmigo la dicha y tu favor mientras dure mi vida, mi mansión será la casa del Señor por largos, largos días.

BUEN CAMINO

www.ingramcontent.com/pod-product-compliance
Lightning Source LLC
LaVergne TN
LVHW011205080426
835508LV00007B/619